瞬間把你看透的：終極讀心術

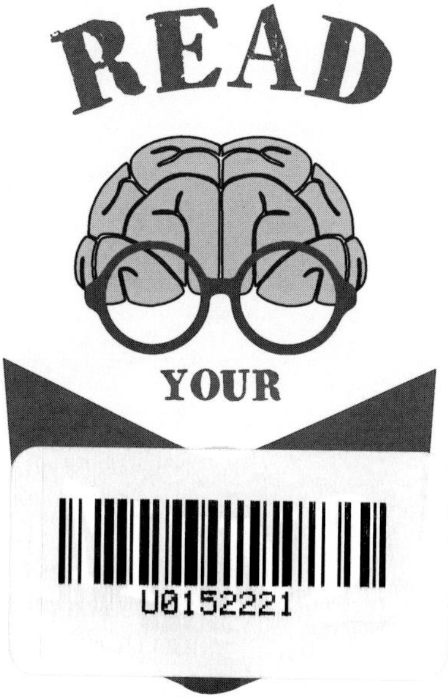

心理測驗

作者 超媒體編輯組
出版 超記出版社（超媒體出版有限公司）
地址 新界荃灣柴灣角街 34-36 號萬達來工業中心 21 樓 2 室
電話 (852） 3596 4296
電郵 info@easy-publish.org
網址 http：//www.easy-publish.org
香港總經銷 聯合新零售（香港）有限公司
上架建議 流行讀物
ISBN 978-988-8778-26-3
定價 HK$68

Printed and Published in Hong Kong

目錄
Content

【個人性格測試】

【戀愛婚姻試】

目錄
Content

目錄
Content

目錄
Content

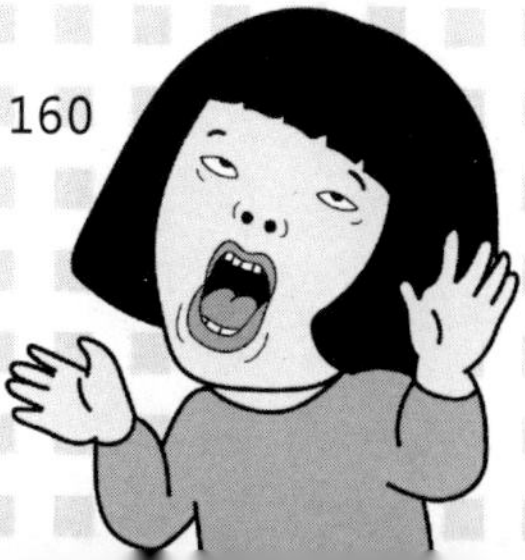

01
個人性格測試

測試你是否暴力狂魔？

暴力傾向是埋藏於心裡的，因長期受到不公平的對待，或是因為兒時遭受嚴重暴力的陰影等等，內心積壓了很多怨恨和不滿，又沒有得到適切的輔導，結果，一遇到不如意事時，就會極度煩躁不安，並用暴力解決。你有暴力傾向嗎？那就來做個小測試就知道了！

假如深夜，你獨自一人走在窄巷裡，急趕回家，下列哪種情形你最害怕：

A、在昏暗處，聽到有女人低啜哭泣的聲音

B、身後有跟隨的腳步回聲

C、原本壞掉的路燈，突然亮起

D、窄巷裡有黑影閃過

測驗答案

A、潛意識裡有嚮往暴力的傾向。

你為人鑽牛角尖，易怒、歇斯底里，容易陷入感情糾葛。你不懂舒解自己抑壓的心情，內心早已埋下很多計時炸彈。生活環境的轉變，都會牽動你的情緒，令你情緒大爆發，甚至動粗打人。

B、把暴力視作平常簡單，甚至認為那是正常舉動。

你平時積積埋埋很多怨憤，但你只會埋藏心中。你內心中有少許暴力傾向，如果有人逼你埋牆角，你或者會大爆發，打對方一身。

C、你認為暴力是野蠻人的做法。

你脾氣比較溫合，遇事都會先思考再決定。如果遇到不順心的事，最多爆粗，或獨自生悶氣，都不會用暴力解決問題。

D、性格比較含蓄，不喜歡在外人面前分享自己的感受。

不管吃甚麼苦，都會自己一個人承受。你恐懼暴力，或許你就是一個正在遭受暴力威脅的人。你要改變性格，學會溝通技巧，盡早化解存在問題。

測試你面對死亡，你會嚇到標尿嗎？

生老病死，是人生必經階段；但真的面對死神來臨時，你是坦然處之，還是恐懼不安？面對死亡，你內心真實的感受是怎樣的？，我們一起來做個測驗吧！

在城市生活過得厭倦了，突然有一天你選擇離開這個繁華的都市，去一個無人認識自己的地方重新生活，於是你選擇在一條小河邊上建造一棟木屋子，然後又在小河邊建造一座橋，你打算將這一座橋建在這條小河的哪個方向呢？

A、水流平緩的地方

B、距離小木屋不遠的地方

C、水流洶湧的地方

D、小河的上游

測驗答案

A、在現實生活中，你是一個活潑開朗的人，非常熱愛自己的生活，所以你很少會有想到死亡的問題。即使在不得不面對死亡的時候，你依舊會有很強烈的求生意志，你會用自己最堅強的意志力去抵抗並且戰勝困難。

B、在現實生活裡，你很少會想到過死亡這個問題，除非是你看到自己身邊的親人或是朋友逝去，這時你才會對死亡產生恐懼感。但隨著人生閱歷越來越豐富，你終於擺脫恐懼，變得更加珍惜自己的生命，活在當下，好好的過好自己生命中每一天。

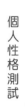

C、你總是會杞人憂天，常常會情不自禁的想到死亡，總會幻想到假如自己真的面臨死亡時，自己又該如何是好呢？你時常會產生這樣悲觀的心態，因為你覺得人活在這個世界上是多麼的不容易啊，生命無常，天災人禍隨時將一個人的生命奪去，所以，你終日惶恐不安，害怕隨時禍從天降，死於非命。建議不要過於杞人憂天，既然世事無常，就好好夠享受現在的生活。

D、你對死亡充滿了恐懼感，常常會覺得自己離死亡不遠了，內心總會感到絕望，或是這是因為在你的身邊有親人或是朋友逝去，從而使你受到打擊，因此死亡在你的內心深處留下了一個永不磨滅的陰影。不妨將自己的心放開些，不要太過在意這些東西，人的生命本來就沒有永恆的，及時享樂才是王道。

測試你最輸不起、冇晒Face的是甚麼？

輸贏乃兵家常事，但有些人特別看不開，比賽輸了就怪責自己，或者埋怨他人；有些人則志在參與，享受過程，輸贏都不放在心上。你在哪方面是最輸不起的？趕快來測試一下吧！

假設你參加聚會時，有人在不停地大聲笑鬧，你的反應會是甚麼？

A、擺出一張臭臉

B、懶得理會

C、酸酸地說上幾句

D、大聲訓斥幾句

測驗答案

A、你對「任何事」都輸不起。

這類型的人最愛面子，覺得自己的尊嚴很重要，自尊心非常強，如果人家挑釁你，令你受不了，你會極力反撲對方。

B、你在「外在物質上」最輸不起。

這類型的人很愛自己，覺得生活要有品味，而且要有質量，不喜歡裝窮。你覺得人生苦短，為甚麼要讓自己過得不舒服？所以你一向較豪爽，目的是想盡量讓自己好一點，對家人好一點，追求 Quality of Life。

C、你在「感情上」最輸不起。

這種類型的人內心非常脆弱，但又有自知之明，知道自己如果在感情上受到傷害的話，可能要花很長時間療傷，所以當你發現和另一半有感情裂痕的時候，會快刀斬亂麻，趕快分手，這樣才能把傷害減至最低。

D、你在「工作上」最輸不起。

這類型的人很喜歡享受工作上的成就感，例如職位、掌聲、收入對你來說非常重要，所以只要下定決定就會做到最好為止，如果有人扯你後腿，阻礙你完成工作，你一定會大聲教訓。

刷牙習慣測試你敗家仔的指數？

你是一名「敗家仔」、「敗家女」？或是一事無成，只懂得敗掉家產？刷牙習慣可透露你的敗家指數，快來測試一下吧！

你是如何刷牙的？

A、一邊讓水龍頭開著一邊刷牙。

B、只嗽嗽口就完畢。

C、慢慢仔細地刷。

D、疾速刷兩三下完畢。

測驗答案

A、你沒有金錢及理財的概念，是一個不折不扣的大花筒。為了享受，你會揮金如土，散盡家財都在所不惜。

B、你是大花筒，手裡有多少錢就用多少錢，且會前債未清又有新債。

C、你對理財很審慎，有時斤斤計較，令人覺得你很孤寒。

D、你不是揮霍無度，也不是一毛不拔，懂得中庸之道，應花則花，又會儲錢理財。

測試你會成為劫匪嗎？

幾乎每日都有劫匪打家劫舍的新聞，你潛意識有想當一下劫匪嗎？來做小小的測試題就知道了。

有一晚你外出買東西，有家店舖剛好遭到強盜洗劫，而你運氣很差，竟然被賊人脅持做人質抓走。回到賊人的巢穴，強盜們開始喝酒狂歡，好像是在慶祝今天豐碩的成果……接下來你覺得會發生甚麼事情呢？

A、被丟在一旁，他們好像完全忘了你的存在

B、被他們拖著一起喝酒狂歡

C、被當成狂歡宴會的餘興節目，遭到欺負

D、其中一個強盜拿了一點點水跟食物過來給你

測驗答案

A、你為人較冷漠，對人對事都很疏離；就另一方面而言，疏離感也是無法認同自己的一種表現，由於自我中心的意識太強，有強烈的自我表現欲望，因此很容易成為劫匪。

B、你為人樂觀，往往覺得：一切都會好起來的。你不會成為劫匪，只會是一個社工或開心果，為身邊人抒解抑鬱和帶來快樂。

C、你懷有強烈的被害意識，由於有很強的被害妄想症，因此，你很大機會變身劫匪，去侵害別人作為報復！

D、你在朋友或長輩父母的細心呵護下，快樂健康地長大成人，因此並不會養成乖僻的心靈，這樣的你應該不至於犯法，成為劫匪。

從選雨傘測試你的自戀狂程度？

你滿意自己的身形嗎？還是對自己身材很多不滿？你自戀狂程度是多少呢？來測試一下就知道了！

上班途中突然下大雨，你走入便利店打算買一把雨傘「應急」，眼前有五款雨傘，你會選購哪一款呢？

A、圓點雨傘

B、摺疊雨傘

C、淨色雨傘

D、立體款式

E、動物圖案

測驗答案

A、選購「圓點雨傘」自戀狂程度：40%

如果你選購圓點雨傘，可見對自己的外形大有信心，但未至於自戀，因為你自知天外有天，自己只算「中上貨色」，而且你有點孤芳自賞，認為自己的優點，旁人未必會懂得欣賞，因此當你一旦失戀，就會陷於瘋狂，因為你接受不了別人拋棄你的事實，從此變得憤世嫉俗，完全絕望。

B、選購「摺疊雨傘」自戀狂程度：87%

選購摺疊雨傘，代表你自信十足，總會不時向身邊人「放電」，認為難得老天對你這麼寵幸，生得你這般「萬人迷」的身材相貌，怎可不用於「顛倒眾生」呢？自戀程度甚高的你，會終日打滾於情場上，以傾倒眾生為己任，大玩愛情遊戲，沉醉於新鮮刺激的情慾遊戲中而不能自拔。

C、選購「淨色雨傘」自戀狂程度：100%

選購淨色雨傘的你，自戀程度高到爆燈，自覺靚爆鏡不止，更認為自己是「只應天上有」的絕色美女俊男。你很愛照鏡，幾乎每逢行過可映照你模樣的物體包括一攤水，你都會用來照照自己的「絕世芳容」。

D、選購「立體款式」自戀狂程度：25%

選購立體雨傘的你，自戀程度極低，屬於自視平凡型。你對自己的外形沒信心，認為自己相貌普通，促使你特別喜歡打扮，期望修飾自己的缺點，將優點發揮出來，所以你會選用立體雨傘——潛意識希望別人會注意自己。

E、選「動物圖案」自戀狂程度：50%

選購動物圖案雨傘的你，自戀程度普通，自知外貌不算十分標緻，但你屬於開朗型，個性樂觀開朗，親和力十足，出席任何聚會總有很多人愛與你談天。你亦是個敢愛敢恨的人，別人與你相處時，因為你平易近人，朋友跟你相處會感到很輕鬆。

測試你是不是記仇的小氣鬼？

生活上，難免與人不咬弦。如果你遇到一些委屈，甚至跟人衝突，你會很記仇？還是一笑置之呢？我們快點測試一下吧！

如果天空爆放一團煙火，讓大家感受繽紛的歡樂氣氛，你最愛哪一種煙火呢？

A、滿天星斗式的煙火

B、如流瀉的瀑布

C、圓形放射狀

D、一朵朵小簇爆放的花

測驗答案

A、你生性敏感，對於人家的惡意傷害會耿耿於懷，牢記在心。你嘴上不會說甚麼，外表行為也看不出有何異狀，可是在你心中，暗自觀察對方很久，所有的惡行惡狀都一一記下來，保存證據，等到有朝一日可以出氣的時候，再全部抖出來，一次過清算！

B、你個性爽快，不愛跟人家計較，如果只是一點小事情，你完全不會放在心上。假使有點嚴重，你也會當成一次教訓，當交了學費，日後遇到類似情形會提醒自己盡量避免。你很愛交朋友，不希望和任何人破壞關係，很多人勸你別太相信別人，你還是不聽，終有一日做「水魚」。

C、你希望和別人數目分明，錢銀上要均真一點，這並不表示你很功利現實，這樣的想法反而很好，只要大家講清楚利益分配，就不會發生衝突。你很討厭喜歡佔人家便宜的人，明明是要共同分攤，有人在付錢時，卻躲得遠遠的，事後再裝做不知情的樣子，真是令人不齒，你可能會因此而遠離這樣的人。

D、你挺老實的，所以常被別人欺負。而你也習慣這樣，漸漸也不覺得生氣。或者說，你已經將這種「被佔便宜」的交往模式視為理所當然，遇到再過份的對待也不會痛。人家看你好說話，沒脾氣，就將沒人要做的事都堆到你頭上，你雖是默默承受，還是會有人站出來替你講話，成為受難者的你，反而可以因此得到多數人的同情和幫助。

測測你如何度過難關？

　　你遇到人生低潮時，會如何面對？會一沉不起？還是咬實牙關，憑藉機智和忍耐度過難關，轉危為安呢？快來測試一下吧！

乘著降落傘從天而降，你最希望自己在甚麼地方著陸？

A、高聳的大廈頂樓

B、青蔥的草原

C、柔軟的湖畔

D、風光旖旎的山頂

測驗答案

A、你 EQ 一流，當你處在逆境中時，盡管心中百般恐慌，但仍會憑著自己的機智與忍耐渡過難關。

B、你希望自己的人生平凡順利，運氣不佳時，你會盡自己所能盡快走出谷底，再維持在正常的軌道。

C、你的個性略顯保守，對人生的不如意逆來順受，偶爾會希望打破成規，但作用不大。

D、你擁有相當積極的人生觀，運氣不好時也能轉危為安。

測試你容易被欺凌的指數？

善良是美德，但是太過善良就會被人欺負，讓別人把你的善良變成欺負你的藉口，現在就來測試一下你被容易被欺凌的指數。

有一天，你在上網的時候，網友約你出去見面時，對方哪種缺點你是最不能忍受的？

A、長得太醜

B、身材不均勻，不是太胖就是太矮

C、氣質粗俗，毒撚一名。

D、無業游民

E、年齡太小或者太大

測驗答案

A、你被人欺負的指數為 99%

你屬於心胸豁達的人，在很多事情上，認為「吃虧是福」，很容易被佔便宜！

B、你被人欺負的指數為 50%

心地善良的你不會記仇，被人欺負的時候總是會很輕易的原諒對方，是被欺凌的「好對象」！

C、你被人欺負的指數為 85%

不願意當黑臉的你，經常被人欺負，你總是不喜歡和別人產生衝突，雖然你也有脾氣，但是為了不讓氣氛尷尬，你總是能夠忍著，把冤屈吞進肚子裡。

容忍的結果只是讓大家認為你很好欺負，最後玩殘自己。

D、你被人欺負的指數為 30%

你是個有底線的人，不管別人怎麼欺負你，只要沒觸碰你的底線你都可以容忍；但當別人踏過了你的底線時，就會作出大力反撲，狠狠教訓對方。

E、你被人欺負的指數為 5%

你是一個逞兇鬥狠的人，在你的世界觀中，只有你欺負別人，沒有別人可以欺負你的。

你會背叛朋友做「二五仔」？

在金錢的誘惑下，很多人會受不住引誘，不惜見利忘義，出賣朋友。你會背叛朋友嗎？做個測試就知道。

有一天，你獨自一人去旅行，走在荒涼的沙漠中，忽然發現了一個閃閃發光的東西，你會認為這個發光的東西是甚麼？

A、金子

B、玻璃球

C、鑽石

測驗答案

A、在你的潛意識裏，友情是需要的，但當你認為自己的利益大過和朋友之間的情義時，你就會毫不猶豫的選擇取利忘友！

B、你不會背叛朋友，你認為友情比世界上的物質更具有意義，因此無論甚麼時候你都不會背叛朋友，所以你是一個值得信賴，值得朋友託付的知己。

C、在你的世界裏，你認為朋友之間的情義並不值錢，因此，當利字當頭時，你會毫不猶豫的拋棄朋友而選擇利益。

你是一個容易放棄的渣人嗎？

遇到困難，你仍會積極解決，逆難而上，勇往直前嗎？還是死狗一般，選擇放棄，另謀出路？你是一個容易放棄的人嗎？快來測試看看吧。

1、 你喜歡的歌曲會經常聽？

是——跳去第 2 題

不是——跳去第 3 題

2、 不是特別喜歡嘗試新的東西？

是——跳去第 4 題

不是——跳去第 3 題

3、 你說話的語氣很肯定？

是——跳去第 4 題

不是——跳去第 5 題

4、 你對自己信任的人從不會懷疑？

是——跳去第 5 題

不是——跳去第 6 題

5、 你方向感較差？
是——跳去第 6 題
不是——跳去第 7 題

6、 不喜歡的事情絕對不會做？
是——跳去第 7 題
不是——跳去第 8 題

7、 你的口才很不錯？
是——跳去第 8 題
不是——跳去第 9 題

8、 喜歡按規律做事？
是——跳去第 9 題
不是——跳去第 10 題

9、 吃飯很快？
是——跳去第 10 題
不是——跳去第 11 題

10、換過好幾份工作？
是——A
不是——跳去第 11 題

11、有曖昧的對象？
是——B
不是——跳去第 12 題

12、很容易被外表迷惑？

是——C

不是——D

測驗答案

A、知難而退

面對困難時，你很快放棄，其實很可惜的，有困難才要堅持的，但是你選擇了放棄，這對你人生毫無幫助，還是改改性格吧！

B、光想不做

你是一個光想不做的人，你的確是有很多想法的，但流於空想，做就有心冇力，看來你還是應該腳踏實地的工作，空想是不切實際的。

C、無聊了放棄

你是三分鐘熱度的，一開始時是滿腔熱誠，但很快你就厭倦了。困難還未出現，你已選擇放棄了。你不是無法解決困難，而是覺得無聊而放棄，這會導致你人生一事無成的。

D、堅持到底

你不在乎事情的結果，而最在乎過程，不管你選擇的事情最終能否成功，你都會堅持到底，畢竟你的堅持就已經是最大的勝利了！

測試你的頭腦靈活度？

生活負擔、工作壓力，會否令你精神疲乏，大腦閉塞？做做以下測試，測試你的頭腦靈活度！

一個人花 8 美元買了隻雞，9 美元賣出，10 美元買回，再以 11 美元賣出。這個人是賺了是蝕了？

A、賺了 2 美元

B、賺 3 美元

C、賠 2 美元

D、不賺不賠

E、賺 1 美元

測驗答案

選 A 的人：30%

靈活度較低，多玩奧數遊戲，訓練自己的數理邏輯能力吧！

選 B 的人：5%

真心話，你還是重新由小一程度的數學開始學起吧！

選 C 的人：100%

腦袋細胞完全發揮了出來，你未來會有很偉大的發明。

選 D 的人：80%

思想比較混亂，你要保持冷靜的頭腦和客觀的分析能力。

選 E 的人：60%

還好，剛剛及格！

詐騙集團眼中，你有幾低能好騙？

香港的騙案層出不窮，有街頭騙案、電話騙案、網絡騙案等，行騙技倆多不勝數。你受騙的機會大嗎？

你逛動物園，好心餵猴子吃香焦，結果牠做出甚麼事，讓你嚇一跳？

A、牠說我是你阿公投胎。

B、牠強吻你對你性騷擾。

C、牠當場小便灑你全臉。

D、牠吃完突然昏倒吐白沫。

測驗答案

A、好騙指數 120%，因為你「自以為聰明」。

你自以為非常聰明，甚麼事都在你的掌握之內。但是，聰明反被聰明誤，詐騙集團知道你的弱點後，會設局令你中計。

B、好騙指數 20%，因為你「冷靜反應快」。

這類型的人碰到任何狀況，都非常冷靜，也很有警誡心。詐騙集團有任何的舉動，通常你一眼就可以識破，相當厲害！

C、好騙指數 55%，因為你「太有同情心」。

這類型的人，當詐騙集團使用苦肉計、裝可憐的時候，你常常會心一軟，就落入對方的陷阱裡了。

D、好騙指數 90%，因為你「太笨了」。

其實也不能怪你，因為你一副很好騙的樣子，詐騙集團只要看到你，就會覺得不騙你實在太可惜了。

點菜習慣測試你的做事性格？

儘管你努力把自己裝扮成暖男、淑女，但你點菜的模式，已露出馬腳，令人一眼看穿你的個性。

當你和朋友到一家飯店用餐時，你通常怎樣點菜？

A、不管別人，只點自己想吃的菜。

B、點和別人同樣的菜。

C、先說出自己想吃的菜。

D、先點好，再視周圍情形而變動。

E、猶猶豫豫，點菜慢吞吞。

F、先請店員說明各項主菜成份再點菜。

測驗答案

選項 A、你是個樂觀、完全不拘小節的人。

率性而為，按照自己的意思去行事，甚至會游說別人跟你做法。

選項 B、你很遷就別人。

你凡事是跟大隊而行，忽視自我的存在，對自己的想法沒有自信，常會順從別人的意見。這種人很易受他人影響。

選項 C、你率性而為

你性格直爽、胸襟開闊，難以啟齒的事也能輕而易舉、若無其事地說出來。你待人不拘小節，即使有時說話尖酸刻薄，也不會被人記恨。

選項 D、你是想像力強的人。

此類型的人給人的印象是軟弱的。想像力豐富，但太拘泥於細節，缺乏全局的意識。

選項 E、你是個小心謹慎的人。

此類型的人做事一絲不苟，安全第一。但你的謹慎往往是因為過分考慮對方立場所致。你能夠真誠地聽取別人的勸說，但不應該忘掉自己的觀點和內心感受。

選項 F、你自尊心強。

你討厭別人的指揮，在做任何事之前，總是堅持自己的主張。做任何事都追求不同凡響。做事積極，在待人方面，非常圓滑。

你的夢想要多久才能實現，還是只發白日夢？

每個人心底裡都有自己的夢想，有些人會把夢想變成理想，切實執行；有些人只會掛在口唇邊，講咗就當做咗。你的夢想會實現嗎？多長時間才能實現？測試一下就知道答案了。

1、 你覺得有夢想的人是幸福的嗎？

是的——跳去第 2 題

不是的——跳去第 4 題

很難答——跳去第 3 題

2、 夢想對你的影響大嗎？

大——跳去第 4 題

不大——跳去第 3 題

沒有任何影響——跳去第 6 題

3、 你會為自己的夢想而奮不顧身嗎？

會的——跳去第 4 題

不會的——跳去第 7 題

看情況——跳去第 5 題

4、 你覺得沒有夢想的人就像行屍走肉嗎？

是的——跳去第 6 題

不是的——跳去第 7 題

看情況——跳去第 8 題

5、 你覺得夢想會被自己實現出來嗎？

是的——跳去第 7 題

不是的——跳去第 8 題

不好說——跳去第 6 題

6、 生活中，你是一個堅持不懈的人嗎？

是的——跳去第 9 題

不是的——跳去第 7 題

看情況——跳去第 10 題

7、 你覺得不應該把時間浪費在玩手機上面嗎？

是的——跳去第 8 題

不是的——跳去第 10 題

看情況——跳去第 9 題

8、 你總是覺得自己的精力不足嗎？

是的——跳去第 9 題

不是的——B

看情況——跳去第 10 題

9、 你希望自己可以成為甚麼樣的人？

有能力——A

有責任感——C
能保護家人——跳去第 10 題

10、你會因為甚麼放棄夢想？
因為現實——C
因為能力——D
因為感情——B

測驗答案

A、你無法實現自己的夢想

你是一個做事拖拉的人，通常你是要在別人的催促下才會動手做事的人。你有夢想，但是你的夢想花多少時間都很難實現的，因為你沒有行動力，你很想去追求自己的夢想，但是永遠停留在空想的層面。你還是放棄吧！

B、你要花約十年時間才能實現自己的夢想

你是一個敢想敢做的人，你是一個很懂得給自己制定規劃的人，五年計劃、十年計劃你都制定得很清晰，並按部就班的按照自己的規劃執行。實現夢想你需要花十年的時間，有的人覺得時間很長，但是你覺得為了夢想是值得的。

C、你要花約五年時間實現自己的夢想

你是一個不喜歡等待的人，你覺得等待讓自己變得焦慮，但是你也明白夢想並不是輕易就可以實現的。通常你會給自己一個期限，這個期限就是五年，在五年時間裏你會一直為了自己的夢想做努力，不惜一切。

D、你要花約兩年時間實現自己的夢想

你是一個講求效率的人，你有很多夢想，大夢想、小夢想統統都有。你會先易後難，會從實現自己的小夢想開始着手。你不喜歡拖拖拉拉的，有了夢想你就會着手去實現，你經常會給身邊人一種不停往前衝的感覺。

測試你的個性缺點是甚麼，會否害死你？

你的言行舉止和思想模式充份流露出你個性上的缺點。不信？做做以下測試吧！

你的同事正忙著找東西，你覺得他在找甚麼？

A、剪刀或訂書機

B、電話簿或名片簿

C、工作上的資料

D、他的錢包

測驗答案

A、你的個性缺點是只愛發牢騷。

你的話題總是圍繞在瑣碎的小事，老婆如何、貓狗又如何如何……連你的頭髮剪多少錢，某人打電話來之類的話也說，周圍的人都覺得煩死了。

B、你的個性缺點是人際關係差。

別人覺得和你說話，是很無聊的事，睬你都傻！快靜下檢討一下，不然連老闆都不喜歡你，那前途真的黯然無光。

C、你的個性缺點是沒有遠見。

你老是說當年怎樣，沉浸在過去，只是個「老屎忽」。不敢面對現在的你，很難被大家喜歡。趕快向前看！

D、你的個性缺點是太悲觀。

你老是想：我的生活真的好苦……我的命好慘……為甚麼只有我會遇到這種事呢……？你老是在那邊可憐兮兮的，旁人聽久了會膩的，見到你都要擅路走！

測試你內心最軟弱的是哪一個部分？

哪種情況下，你會假裝堅強，測一測，就知道了。

聽到或看到「天使」兩個字，會聯想到下面哪一項選擇？

A、神

B、翅膀

C、嬰兒

D、天堂

測驗答案

A、即使團體中被人抹黑打壓，面對流言蜚語，你仍然強作堅強。但你抗壓性很高，無畏無懼。

B、沒出路又沒收入時，心中煩惱卻假裝堅強。你內心深處尤其對金錢方面非常著緊，永遠覺得賺得不夠。

C、失戀時不想讓大家擔心，假裝堅強。你對感情很執著，寧願在心裡痛著，也不願被親友說你傻，其實內心在哭得死去活來！

D、倘若自己患了重病，會因為害怕家人擔心而裝作若無其事。你覺得保護家人、負擔家庭責任很重要，是個有承擔的人，但卻背上大堆子的壓力！

測試你心底裡喜歡的對象個性？

選購窗簾的款式，可洩露你心底裡最喜歡異性具備甚麼個性。不信？做做以下測試吧！

你的房間有一扇窗戶，可以眺望外面的風景。如果現在要加上窗簾，你會選擇以下哪一種花樣？

A、素色

B、方格線條

C、花朵款式

D、裝百葉窗簾

E、白紗窗簾

測驗答案

A、你是一個工作與生活分得很清楚的人，平時就算在外面如何拚命，下了班之後的私人時間，你一點也不希望被公事打擾困擾。所以你喜歡的對象，也是能夠將工作及生活分配得很好的人，在事業上有穩定的基礎，卻又不是工作狂，喜歡 enjoy 生活的異性。

B、你平靜和藹，不帶過多的訴求。你個性比較慎重內斂，不喜歡與別人爭的頭破血流，所以太過累人的感情方式，例如苦戀、三角戀等等，你一點也不想碰的。你喜歡的對象也許年紀會比你大一點，但勝在性格較為成熟，深思熟慮，讓你有放心依靠的感覺。如果你喜歡的方格子愈大，這種傾向愈強，有點戀母狂！

C、你生活在一個單純的世界中，從小到大應該作任何事情都還算順利，沒有經歷過甚麼大挫折。所以你對於人生及未來都是相當樂觀的，喜歡交朋友，也認為世界非常美好。你喜歡個性開朗，像孩子一樣無憂無慮的人，能夠與你一起享受兩人世界，拓展彼此視野。

D、你不喜歡浪費時間在一些無意義的事情上，而是用來追求你的理想。你喜歡思考，看事情也相當透徹，不喜歡自己私生活被人干涉。挑選戀人方面的要求也不少，你喜歡與自己條件相當，相處起來很容易了解的人。

E、你的個性較為優柔寡斷，多愁善感，常常被自己的情緒影響。對你而言，你認為心情是一切事情的原動力，當你處在愉快美好的情緒中，不管多艱難及複雜的事情，你都甘之如飴；相反的，如果心情不佳，就做任何事都提不起勁。你容易被具有特殊才華的異性所吸引，並且會陷入感情的深淵之中，無法自拔，被愛情重傷！

測試你應付突發狀況的能力？

你處理突發事件的應變能力有多高？做做以下測試就知道。

你正趕著去參加一個會議，卻遇到交通阻塞，車中的你會怎麼辦？

A、耐心等待，打電話通知對方

B、不斷爆粗，心急如焚

C、先找別的事做，把會議資料再讀一遍

D、下車看究竟，考慮要換其他交通工具

測驗答案

A、面對突發狀況，你很冷靜，也很有應對的經驗，所以不會太慌張。無論結果如何，你都覺得已經盡力，不會太掛心。

B、你是個求好心切的人，要求完美，遇到意外事件總會影響情緒。在意工作的成效，自我要求也很高，有時會帶給自己很大壓力。

C、所有的事都在你的掌控中，即使工作發生狀況，你也能妥善處理。善用時間是你的長處，常能讓危機化為轉機。

D、你是標準的急性子，不會坐在家裡等結果，一定會馬上行動。雖然不是每次都行得通，但已經為自己多開拓了好幾條出路。

從食物看穿你的性格？

一款食物，可以看穿你的性格。

外出吃飯時，只有以下五款食物可選，你會點甚來吃？

A、牛肉麵
B、牛肉湯麵
C、榨菜肉絲麵
D、水餃
E、小菜

測驗答案

A、你個性豪邁外向，充滿自信，也有自戀的傾向，工作上你也是態度積極，力求爭取表現。對待朋友你也是一樣坦蕩熱忱，只不過在感情上你反而容易去拈花惹草。

B、你是個很有主見的人，不會隨便跟大隊行事。工作上你堅守本分，朋友觀是重質不重最，感情上你始終如一，不會花心。

C、你很有個人品味，也懂得享受人生。工作只是養家糊口，生命還有更多美事。你會跟志同道合的朋友一起玩樂。感情上可遇不可求，時候到了，旁邊那個就是。

D、你很樂觀開朗，也容易追隨波逐流。你對朋友熱情，討厭玩弄心機陰沉的人。對於來得突然的愛情你也是樂在其中。

E、你很隨性，討厭世俗的羈絆。只不過在工作上你容易和同事意見不合。你奉行 Easy come，Easy go，隨遇而安，不會給予朋友或伴侶太大壓力。

02
戀愛婚姻測試

你有機會變成一個人盡可夫的壞女人嗎？

你有機會變成一個壞女人嗎？一起來測試吧！

心儀的對象在情人節送了你一束花，你會將花插在屋子的哪兒呢？

A、採下一朵，別在胸前的衣服上

B、臥室的桃花位上

C、餐廳桌上

D、窗台上

測驗答案

A、你從外表上看，所散發出來的魅力和所作所為，頗有壞女人的因子，但卻未夠班，拿捏不到誘惑男人的分寸和尺度。加上你個性單純，很可能還沒修煉成壞女人已經被其他同性排擠。

B、你是一個傳統的人，無論你如何幻想、多麼想成為一個壞女人，抱歉，那是需要900年修煉的。你很有魅力，像一朵淡雅的雛菊散發微香，對你來說，學做一個壞女人，還不如當原原本本真實的你來得有魅力。

C、你家庭觀念很重，又小鳥依人。你懂得應對進退，是個能將自己的魅力散發到極致的人。你有看穿男人心事的能力，非常適合當個有點壞的女人。你像一塊磁鐵，容易吸引異性。

D、你天生壞女人因子是幾乎100%，你迷惑男人的魅力、技巧、手段都是頂級！只要是你想要的男人，全都逃不出你的手掌心。你懂得如何發揮女性誘人的魅力，也懂得迎合男人的要求，把自己包裝成對方傾慕的女人。絕對是「男人殺手」！

測試你呷醋後的反應？

你呷醋時會向情人大發雷霆，還是收收埋埋辛苦自己？做做以下測試就知道。

夏天夜晚，你經過鄰居的庭院，看到爺爺帶著孫子拿著打火機，你覺得他們在點甚麼？

A、蚊香

B、仙女棒

C、蠟燭

D、柴火

測驗答案

A、蚊香。

你善於隱藏嫉妒的火花，雖然心裡在呷醋，表面卻扮到並不在乎，假裝大方。另一半會以為你不在乎他呢！

B、仙女棒。

醋勁一被點燃，瞬間就熊熊燃燒，不過來得快退得也快，只要對方安撫一下，你很快就釋懷了。

C、蠟燭。

你不是那種呷醋會大吵大鬧的人，但你會將不滿的情緒一直放在心裡，當兩人日後吵架，就會翻出這些陳年往事來攻擊對方。

D、柴火。

柴材很難點燃，可是一旦點燃就又猛又烈。你平常看來很溫馴，只是在眾人面前壓抑自己而已。當兩人獨處時，醋勁就會爆發出來了，而且是一發不可收拾、很難安撫，分分鐘搞出人命！

測試你如何面對一夜情？

你如何看待一夜情？快點測試一下吧！

突如其來給你一大筆金錢，但又適逢假日銀行關了門，迫不得已要把金錢藏於房間裡，你會放到甚麼地方才安心呢？

A、抽屜裡

B、雪櫃的冰格

C、書架裡書與書之間

D、牆上的掛畫後面

測驗答案

A、抽屜是個讓人隨意放東西的地方，同時也容易忘記放了在哪裡。你是一個很隨心、憑感覺做事的人，如果你遇上艷遇，會很快投入激情熱戀氣氛當中，但當感覺沒有了，你的冷卻速度也會一樣快。

B、冰格象徵隱藏的事物，你常常有很多自己的小秘密，當你遇到吸引你的對象時，你便會全情投入，不顧一切，是「玩一夜情的『常客』」。你奉行「結婚之前一定要嘗盡所有好玩事情、體驗人生」這格言。

C、書本是知識與理性的象徵，你把錢放到這裡，反映你是個堅持原則、潔身自愛的人。你的理性會叫你拒絕一段不道德的愛情。不過，口裡說不，身體卻很誠實，很想玩吓一夜情。

D、你是一個重感情的人，千萬別輕試一夜情這種愛情遊戲，因為你是一個容易心軟、又不能自拔的人。你燃點了愛火，就會無法吹熄。

測試你是床上怕醜鬼嗎？

你是床上怕醜鬼呢？一起來測試一下就知道了！

如果只能選擇一種水果來吃，你會挑選以下哪種水果？

A、水蜜桃

B、香蕉

C、蘋果

D、草莓

測驗答案

A、當朋友或是同事們談到鹹濕話題時，你不想被大家視為性愛經驗貧乏，擔心會被奚落，你會故作開放，將聽到的性事當成自己的輝煌戰果來吹噓。進入床上實戰階段時，你也會裝成經驗老道，似乎甚麼都經歷過，但其實你內心緊張又害羞得很。

B、初嘗性事時，你或許還會有點害羞，擔心若是表現笨拙會被情人嫌棄。之後經驗多了，你開始大膽向情人索求。你在床上完全不會掩飾，幾乎是想將情人生吞活剝。

C、你的個性很壓抑，雖然已經寬衣解帶，在情人面前，你還是擺脫不了矜持的態度，在床上表現相當害羞。做愛對你而言不是享受，而是義務，是屬於上床偽裝高潮的人。

D、你在床上的性愛表現剛剛好，剛上床還未熱身時，你會有點害羞；熱身過後，你會漸入佳境，並會徹底解放。漸漸地，你會拋開平時的正經形象，毫不害羞地向情人表達你的真正需要，並主動提出嘗試多種姿勢，勇於追求高潮的爽快感。

測試你的性取向？

你知道自己真正的性取向嗎？是異性戀？雙性戀？還是同性戀？做做以下測試就知道。答完以下問卷，你會更了解自己真正的性取向。

1、 有沒有對婚姻產生很抗拒的念頭？

有——跳去第 2 題

沒有——跳去第 3 題

2、 走過一片櫥窗，你會很刻意地看看櫥窗中的自己嗎？

會——跳去第 3 題

不會刻意——跳去第 4 題

3、 你支持同性戀結婚為合法婚姻嗎？

支持——跳去第 4 題

不支持——跳去第 5 題

無感——跳去第 6 題

4、 如果讓你選擇一個地方度過晚年，你會選擇？

鄉下田園——跳去第 6 題

某個小島——跳去第 5 題

養老院——跳去第 7 題

5、 如果你發現自己是一個同性戀者，你會很害怕嗎？

會——跳去第 7 題

不會——跳去第 6 題

6、 平日你閒著無聊時，你會選擇做甚麼？

宅在家裡——跳去第 8 題

跟朋友吃飯——跳去第 7 題

去公園走走——跳去第 9 題

7、 你喜歡有蕾絲的裝飾品嗎？

是的——跳去第 9 題

不是——跳去第 8 題

8、 你身邊有「百合傾向」的女生嗎？

有——跳去第 9 題

沒有或很少——跳去第 11 題

「百合傾向」是甚麼意思？——跳去第 10 題

9、 你喜歡哪個朝代的服飾？

清朝——跳去第 12 題

漢唐——跳去第 11 題

明朝——跳去第 10 題

10、你受不了說話很娘的男性嗎？
是的——跳去第 13 題
不是——跳去第 12 題

11、你還覺得的幸福只有異性才能給予嗎？
還有一點兒幻想——跳去第 13 題
不一定，看緣分吧——跳去第 14 題

12、你身邊的同性朋友多還是異性朋友多？
同性——跳去第 13 題
異性——跳去第 15 題

13、你對人妖反感嗎？
是的——跳去第 18 題
不是，喜歡——跳去第 15 題
無感覺，這只是人家的生活方式——跳去第 14 題

14、如果你是一名女生，身高有 170cm，你會如何打扮自己？
走硬朗的中性路線——跳去第 15 題
走優雅的熟女路線——跳去第 15 題
走鋼鍊的女強人路線——跳去第 18 題

15、平時很喜歡看動漫？

是的——跳去第 16 題

不是——跳去第 18 題

16、喜歡的動漫類型是？

少年熱血型——跳去第 18 題

無精打采型——跳去第 17 題

校園爆笑或純愛型——跳去第 19 題

動物型、童話型——跳去第 20 題

17、你喜歡看哪個國家或地區的動漫？

國產動漫——跳去第 20 題

日本動漫——跳去第 21 題

歐美動漫——答案 B

18、如果你的上司是一個走中性風格但精明果敢的女中豪傑，你會崇拜她嗎？

會——答案 C

不會——跳去第 19 題

19、經過失敗的戀情之後，你有沒有對異性產生絕望的念頭？

有——答案 A

沒有——跳去第 22 題

20、你覺得自己更懂得欣賞同性的人嗎？

是的——答案 D

不是——跳去第 21 題

21、你覺得自己終有一天會結婚嗎？

是的——答案 B

不是——跳去第 22 題

22. 以下這些職業，你想當哪一種？

化妝師——答案 D

服裝師——答案 A

美髮師——答案 C

測驗答案

A、你是百分百的直男／直女。別多想了，你平日表現出來的「基情」，不過是一種娛人娛己的手段而已，並不代表你這個人真的有雙性戀的傾向。

B、你有喜歡同性的潛質，可能變成雙性戀。其實一開始，你對異性充滿幻想，然而在經歷過一些失敗戀情的打擊，與現實的折磨之後，你越來越對這個社會的主流幸福與婚姻非常失望。你學會了欣賞一些同性，你若是女性，則對打扮清爽硬朗的同性上司，或有才幹的朋友產生傾慕。你若是男性，因內心的不安全感和渴望依靠的心理，使你越來越想依賴某個男性朋友。

C、你有雙性戀傾向。你對異性仍然會有著某種生理上的衝動，可是在最後你才恍然大悟，愛男人的同時也愛女人。在條件允許的情況下，不排除你有男女通吃的情況。

D、你傾向同性戀。在現今世代，同性戀不是甚麼大不了的事。也許在你的同性戀傾向被引爆出來之前你自己都不知道，然而等引發出來之後，你倒也會坦然面對，因為那就是最原始、最赤裸的你。

測試你令人產生性衝動的指數？

你的外貌和個性會令人產生性衝動嗎？做完以下測試，你會找到答案。

要你跟魔鬼交換靈魂，你希望得到甚麼利益？

A、一輩子的真愛

B、一輩子沒煩惱的生活

C、一輩子的好名聲

D、一輩子花不完的財富

測驗答案

A、讓人性衝動的指數是 80%。

你人靚聲甜，對方聽到你的聲音就會心動。對方跟你談話時，都會感受到你的溫柔和體貼，然後自然而然地產生性的衝動。

B、讓人性衝動的指數是 50%。

你身材誘人，讓人忍不住想死盯著你看。你外形或者身材在團體中很容易受到注目，你好像蓮花一樣，可遠觀而不可褻玩。人家對你有性衝動，但都只會遠遠觀望，不敢越雷池半步。

C、讓人性衝動的指數是 20%。

你為人正直和嚴謹，屬於教官型，雖然有獨特的魅力，但其他人都不敢走近，止於欣賞就好了。

D、讓人性衝動的指數是 99%。

你辦事能力很高，魅力非犯，異性對你很傾慕，容易動起原始慾念。你很自信，由自信散發出來的性感，令異性非常迷醉。

測試你會不會為愛做傻事？

你為自己所愛，會傻到睇唔開嗎？做完以下測試，你會找到答案。

窗外飛來了一隻鴿子，裡面裝的是「愛的信物」，你希望信物是甚麼？

A、一根羽毛

B、一片楓葉

C、一封情書

D、一條項鍊

測驗答案

A、為愛做傻事的指數是 50%

你很大機會被騙財或被騙色，沒關係，從錯誤中學會教訓即可。以後有人重施故技，你要提高警覺，不要再令自己受苦。

B、為愛做傻事的指數是 75%

你只要愛上對方，多丟臉的事你都做得出，即使輸掉尊嚴也在所不惜！

C、為愛做傻事的指數是 95%

愛情就是你的全部，你會為愛情犧牲所有！即使你人財兩失，仍會為騙子求情，替他講好說話，虛構故事來麻醉自己。

D、為愛做傻事的指數是 20%

你愛得很理性，如果對方想佔你便宜，你會馬上察覺，並會爽快地斬纜，決不輕饒！即使對方哀求你原諒，你都會思慮再三，不會輕易給對方重生的機會。

測試你的緋聞度有多少？

你是緋聞的絕緣體嗎？緋聞來的時候，你會用甚麼樣的心態來面對呢？趕快來測試一下。

某個男生正想外出赴約，途中他突然發現自己忘了帶某樣東西而匆忙掉頭趕回家取，你認為他忘記帶甚麼？

A、手帕

B、手錶

C、電影票

D、送女生的禮物

E、記錄飯店電話號碼的手機

測驗答案

A、你純真、無機心，對任何事物都顯得毫無防備。一旦緋聞找上你，你會手足無措，不知如何應對，甚至哭鬧不已。

B、你是個害怕緋聞的人。你為自己設下很多規矩，你希望自己生活在規範的人生中。對你而言，發生緋聞是最不應該的。

C、就你而言，人生不可以平平凡凡地落幕。若果緋聞主角正是自己，你會開心不已，並認為這種體驗非常好。

D、你會為了追求魅力十足的異性而不惜發生緋聞。你不在乎別人看法，你認為世界上沒有絕對的對與錯，有的只是每個人的看法不同而已，因此你只相信自己的直覺。

E、你相當喜歡發生緋聞的，甚至渴望自己成為事件的主角。

測試你遇上外遇的機會？

你有外遇的機會大嗎？快來測試一下吧！

你到大型商場採購一周的食物，推著車子一邊逛，一邊想著甚麼東西要補充。這時，第一個閃過你腦中、告訴自己一定要買的是甚麼呢？

A、肉類

B、飲料

C、甜點

D、蔬菜

測驗答案

A、為甚麼出家人要吃素呢？為求清心寡欲嘛！這也正說明了肉類和肉慾是被劃上等號的。你第一個就想到肉，表示你在性事上有著極大的不滿。你一直期待一段刺激的出軌之旅。

B、飲料是追求愛的表現，透露出你對愛的渴望。基本上，你是一個絕對沒有外遇念頭的人，但是當你的另一半已經不再吸引你時，就會想出軌，而你絕非抱玩玩吓，是真的想「換畫」。

C、甜品是正餐的點綴，量通常都不多。你的外遇度就像甜品一樣，可以為愛情加點樂趣。即使你已有拖友或已結婚，但你仍會繼續有外遇；你不認為它是罪惡的，反而是調劑身心的靈藥，可以讓自己的婚姻或拍拖生涯更持久，但小心玩火自焚。

D、蔬菜象徵著知識與教養，代表現在你對另一半很不滿，有可能是性格不合。如果有機會讓你認識一個和自己思想相近的異性，你的外遇「因子」會發作，並很大機會出軌，發生不倫之戀。

測試你有幾容易被騙上床？（女性題）

現在的孩子很早熟，戀愛初體驗來得早，會不會很輕易就被人騙上床呢？先別急著說不會，來測試一下就知道了。讓孩子做以下問卷，你就會知道答案。

1、 朋友說：「明天一起去打籃球吧！」你的回答是？
有人約就去，不管自己是否喜歡打籃球——跳去第 2
因為不喜歡籃球，所以回絕了朋友——跳去第 3

2、 如果有人問你對相睇的感覺，你會？
沒甚麼大不了的——跳去第 4
覺得害羞——跳去第 5

3、 除了運動之外，只要是好玩的活動，你都很躍躍欲試？
YES →——跳去第 6
NO →——跳去第 8

4、 遇到喜歡的男生，你會想辦法讓他看見你嗎？

會——跳去第 10
順其自然→——跳去第 12

5、 即使事情很難達成，你仍然會努力不懈地去做？
會——跳去第 11
自認不是那種有毅力的人——跳去第→ 7

6、 你和異性一同到餐廳用餐，這時服務生端來咖啡，你會？
他喝他的，我喝我的——跳去第 10
先替他加好糖，再將咖啡給他——跳去第 11

7、 你是一個……
遇到生氣的事，即使事情已經過去，還會一直記在心裡——跳去第 17
事情過了就算了——跳去第 18

8、 聽見朋友說：「明星推銷一款新手機，好可愛喔！」你會？
心動，想去買——跳去第 9
經過慎重考慮，除非有重大因素才會買——跳去第 12

9、 比你大八歲的男性約你一同用餐，可是你跟他並不是很熟，你會怎麼做？
答應他——跳去第 13
不會跟他去——跳去第 14

10、當心儀的對象和你說話時，你反而會變得不是很在乎他？

不是——跳去第 16

是——跳去第 17

11、聽說 X 週刊報導了某某明星的緋聞，你會？

不太理會——跳去第 16

跑去翻 X 週刊——跳去第 17

12、有男生找你一同吃飯，即使是討厭的人也會去？

是——跳去第 14

不是——跳去第 15

13、你已經跟朋友約好了後天一同吃飯，你會......

無論如何都準時赴約——跳去第 25

如果有別的更吸引你的事情，你會跟朋友取消約會——跳去第 24

14、你比較喜歡？

獨自一人——跳去第 21

和團體相處——跳去第 24

15、如果從一分到五分來為你的耐性評分，你會給自己打幾分？

一到三分——跳去第 20

四到五分——跳去第 23

16、如果有個場合你要打扮得像個貴婦，或是穿上正式禮服，你會？

盡情打扮，因為平常你就很喜歡將自己穿得漂漂亮亮的——跳去第 23

覺得渾身不自在，說不定就不去赴約了——跳去第 22

17、當你提議去某處吃飯，朋友卻持反對意見，你會？

繼續推銷你提議的地方——跳去第 20

立即放棄你的建議，改聽別人——跳去第 19

18、你會主動向心儀的他表白嗎？

會——跳去第 22

打死也不會——跳去第 19

19、只要看見電影或連續劇有感人的情節，你就會流下眼淚？

是，自認是很容易被劇情感動的人→ C 型

不會→ D 型

20、你是一個……

想到甚麼就去做的行動派→ D 型

甚麼事情都要考慮周全才會行動的思考型→ C 型

21、當你已經有男朋友，卻收到別的男生的情書邀約時，你會？

前去赴約→ B 型

再也不會跟別的男生約會→ C 型

22、對於「人性本善」這四個字，你有甚麼樣的看法？
支持，因此你通常不會懷疑別人所說的話→ E 型
現在壞人愈來愈多，對人還是不能太相信→ D 型

23、男同學或男同事當著你的面說黃色笑話，你會？
沒甚麼大不了→ B 型
很生氣→ C 型

24、只要有男生對你好一點，你就會認為他對你有意思而有所防範。
是→ B 型
不是→ A 型

25、人家說你的眼睛很漂亮，即使你知道對方只是應酬話，仍然高興不已。
是→ B 型
不是→ A 型

測驗答案

A 型：順其自然型

你是一個純真、可愛的女孩子，對於上床這件事，起初會認為「最好還是結婚後才開始」，但是，當你真心地愛上他，而兩人又在兩情相悅的情況下，你很容易被帶上床。

你很容易與人發生關係，一旦發現對方對你只有性無愛時，你會大受打激，往後的日子會對愛情失去信心，甚至不敢再與別人談戀愛。

B 型：**氣氛型**：

你是一個容易動真感情的女孩子，當你喜歡上一個人時，就很容易在浪漫的氛圍下獻身給他，尤其是在有紀念價值的日子時，更是你最易失身的時候。
在你獻出自己之前，可否先多觀察對方的品行，不要老是沉浸在甜言蜜語、鮮花燭光中。

C 型：**守貞型**：

你是一個可獲頒「貞節牌坊」的女孩子，對於婚前性行為，你或許不反對，但是卻不容許這樣的事發生在自己身上，即使慾火焚身，你仍然可以在最緊要關頭喊停，和你交往的男生恐怕要到新婚之夜才有機會和你發生第一次。
雖然你不願意在婚前獻出自己，不過，當你真心愛一個人，並且覺得對方百分之百是你結婚的對象時，你就可能在他的極力建議、要求下答應與他發生關係。

D 型：**新潮派型**：

你年輕時曾經很叛逆，性觀念也比較開放，很可能早早就獻出第一次。

E 型：**為愛付出型**：

你對愛情有著一份美麗的憧憬，不會隨意奉獻自己，但卻可能會因為極愛著對方而給了他第一次，因此，婚前性行為在你身上仍然是有機會出現的。

測試你會有私生子的機會率？

你有機會出軌，並在外面生下私生子嗎？

這天陽光明媚，你幫忙照顧朋友的孩子，但是這個孩子一直在哭，你會扮演甚麼鬼臉哄他開心？

A、頑皮小猴子

B、恐怖的鬼臉

C、吐舌的臉

D、老太婆的臉

E、傻瓜臉

測驗答案

A、私生子的指數 99%

你是個處處留情的人，小心做好避孕，否則一子錯滿盤皆落索。

B、私生子的指數 40%

對於任何誘惑，你會選擇慎重，能有私生子的機率並不高。

C、私生子的指數 80%

你是個極具魅力的人，你全身上下都擁有不凡的魅力，總讓人無法控制想要和你有孩子的欲望。

D、私生子的指數 20%

你很重視家庭，有私生子這些糟糕的事情，絕不會發生！

E、私生子的指數 55%

情緒衝動才會讓你情不自禁做錯事情，你不是魯莽的人，只是耐不住寂寞而一時失控。

測試最適合你的另一半類型？

你的擇偶條件是甚麼？你下次排隊買嘢食時，不妨做做以下測試，自然會找到答案。

排隊買嘢食時，你直覺認為排在你前面的人是怎麼模樣的？

A、性子急躁的年輕人

B、盯著手機的上班族

C、正在傾手機的女生

D、附近的鄰居

E、幫家人做跑腿的孩子

測驗答案

A、【樸實低調聽話型】：話少不出錯的聽話情人

選 A 的朋友特別喜歡沉默寡言的另一半，你覺得另一半「少說話多做事」的特徵，代表他很能幹，不容易出錯，且凡事絕對以家庭為重。最重要是他一心一意為你著想，也不太會限制你的自由。

B、【風采迷人偶像型】：幽默又風趣的偶像情人

選 B 的朋友只會愛上自己傾慕的人，並好像偶像和粉絲一樣地守護著他。提醒你別崇拜過頭，以免另一半被你寵得自以為是而得寸進尺。

C、【安全的穩定型】：年長又有上進心的安全情人

選 C 的朋友偏愛思想成熟的對象，對你們雙方來說，都是希望能找到值得依靠的另一半，你希望他有上進心、有才華，最好是還能擁有自己的事業，才能滿足你的安全感。

D、**【寵物情人型】：黏身愛撒嬌的寵物情人**

選 D 的朋友心中充滿母性，特別喜歡照顧人，因此面對情人時，也經常表現出母愛大爆發的一面，你很容易發生姐弟戀或師生戀。

E、**【瀟灑浪子浪女型】：野性不馴的壞情人**

選 E 的朋友本身性格比較叛逆又硬朗，倘若你的對象不是有一點壞，他肯定馴服不到你，而且你也看不上他，因此你和另一半就是一對我行我素、野性不羈的「完美」組合。

測試你會在甚麼時候結婚？

有男／女朋友了嗎？對婚姻大事沒甚麼頭緒？來測試吧，測試你甚麼時候結婚。做完以下問卷，你就會知道答案。

1、 你覺得自己已經是大媽（大叔）了？

是——跳去第 4 題

否——跳去第 2 題

2、 你最近相當注意臉部保養？

是——跳去第 3 題

否——跳去第 10 題

3、 你第一次談戀愛是在高中時代？

是——跳去第 12 題

否——跳去第 11 題

4、 你喜歡看拳擊節目？

是——跳去第 6 題

否——跳去第 5 題

5、 你想在水上舉行婚禮？

是——跳去第 7 題
否——跳去第 13 題

6、 你曾有靈魂出竅的經驗？
是——跳去第 13 題
否——跳去第 8 題

7、 筷子掉在地上，你會撿起來擦一擦再用？
是——跳去第 15 題
否——跳去第 9 題

8、 你曾經玩過角子機或賽馬等賭博遊戲？
是——跳去第 15 題
否——跳去第 10 題

9、 你和異性發生關係是在二十歲以後？
是——跳去第 17 題
否——跳去第 19 題

10、你喜歡咖啡的香味勝於口味？
是——跳去第 17 題
否——跳去第 11 題

11、大部分都是你打電話給別人，很少別人打給你？
是——跳去第 19 題
否——跳去第 17 題

12、你是屬於娃娃臉？

是——跳去第 19 題

否——跳去第 11 題

13、你可以很清楚地說出十二星座順序？

是——跳去第 22 題

否——跳去第 14 題

14、曾經有三個以上男人向你求婚？

是——跳去第 24 題

否——跳去第 23 題

15、你的臀部有痣？

是——跳去第 16 題

否——跳去第 14 題

16、即使和第一次見面的人約會，你也會考慮到結婚的問題？

是——跳去第 24 題

否——跳去第 25 題

17、你很想穿越時空去未來看看？

是——跳去第 18 題

否——跳去第 26 題

18、你曾經相睇過？

是——跳去第 25 題

否——跳去第 26 題

19、你的家具皆是白色系？
是——跳去第 26 題
否——跳去第 18 題

20、你隨身攜帶防狼用品？
是：B 類型
否：A 類型

21、你對自己拋媚弄眼的撩人功夫很有自信？
是：B 類型
否：A 類型

22、你認為 26 歲左右結婚最合適？
是——跳去第 21 題
否——跳去第 20 題

23、你希望自己的另一半會說英文？
是：C 類型
否：D 類型

24、你很想踏足萬里長城？
是：D 類型
否：C 類型

25、你曾經買過某些書，且認為對你幫助很大？

是：E 類型
否——跳去第 23 題

26、如果結婚，三年之內你不打算生小孩？
是——跳去第 24 題
否——跳去第 25 題

測驗答案

A 類型：早婚早生貴子型

你比同年齡的人早婚，甚至有可能在二十歲之前就結婚生子。不過，你離婚機會頗高。如果年輕時就遇到心儀的對象，千萬不要衝動和對方發生關係，也不要因談戀愛而荒廢學業或工作，否則，你日後一定會後悔！

B 類型：三十歲左右結婚型

你在三十歲之前會全力做自己想做的事，結婚後，你則會全心投入家庭生活，一切以家庭為主。

C 類型：二十五至三十歲左右結婚型

你是相當保守傳統的人，在你的觀念中女人必須要在二十五歲左右結婚生子。因此在學或工作時，就很留意周遭的異性朋友，用盡全力去達成人生中最重要的結婚目標。由於你太想結婚了，所以容易被有心人欺騙。即時很想嫁人，也要小心擇偶啊！

D 類型：晚婚型或一輩子獨身類型

你認為，人生中有太多比愛情更重要的事，你寧願晚婚或繼續做「獨身貴族」，也不會貿貿然結婚。

E 類型：結婚年齡不詳型

你認為，結婚和年齡根本無關，任何時候都可能結婚，婚後的你仍舊堅持不失婚前的自由與理想。兩人與其說是夫妻，還不如說是好朋友，彼此有很大的私人空間，互不干涉。

測試你的愛情會因為甚麼原因而結束？

你和戀人通常會因為甚麼而分手呢？性格不合？有第三者介入？還是地位懸殊？測試一下就知道。做完以下問卷，你就會知道答案。

1、 你的異性緣不錯？

是——跳去第 2 題

不是——跳去第 3 題

2、 兩個人對待愛情都很專一？

是——跳去第 4 題

不是——跳去第 3 題

3、 你們同居過？

是——跳去第 5 題

不是——跳去第 4 題

4、 戀人的喜好你都很清楚？

是——跳去第 6 題

不是——跳去第 5 題

5、 戀人有心事的時候你總能第一時間發現？
是——跳去第 7 題
不是——跳去第 6 題

6、 戀人是大花筒？
是——跳去第 8 題
不是——跳去第 7 題

7、 大家見過對方家長嗎？
是——跳去第 9 題
不是——跳去第 8 題

8、 你們看好大家的未來嗎？
是——跳去第 9 題
不是——跳去第 10 題

9、 戀人是個很懂事的人？
是——跳去第 10 題
不是——跳去第 11 題

10、戀人的性格是你喜歡的類型？
是——跳去第 12 題
不是——跳去第 11 題

11、戀人有點造作？
是——A
不是——B

12、你們很珍惜彼此的緣分？

是——C

不是——D

測驗答案

A：性格不合

你對現在的戀人並不是特別喜歡，你也覺得大家能夠結婚的可能性非常小。大家骨子裡沒有在一起的想法，更不用說是結婚了，戀人的性格並不是你真正喜歡的類型。

B：父母不同意

看來你們的父母是非常不同意你們這段感情的，不同意的原因有很多，並不一定是因為你們之間的距離很遠，還有你們的年齡，現實生活中的很多方面的差異，都造成了父母不看好。

C：有緣無份

你們的確是非常合適的一對，不管是從性格還是從其他各方面，都很投緣。可惜你們最後並不能在一起，有緣無份，也許你們遇到的時候其中一方已有家庭，或者已有多年的拖友，造成你們有緣無份。

D：經濟差異

你們之間的經濟差距較大，「財富不均」是你們的致命傷。其實你們心裡是介意的，只是在相處的過程中刻意避開了，最後還是要面對的！

從飲食測試出男人愛情的秘密？

戀愛中的細節最能看出關鍵問題，想知道你身邊的男性朋友有甚麼愛情觀念？他的飲食習慣可露出端倪。

選擇下方哪個是最接近男性朋友的習慣：

A、對飯菜的要求不高，只要不是自己特別討厭的飯菜都可以吃，三餐後最好有甜點，多少都能吃進去。

B、會考慮飲食的營養，希望做到每天都準時進餐。

C、年輕時覺得只要能吃飽就行，吃甚麼都無所謂，但是最近也開始挑剔了。

D、對餸菜不太挑剔，但飯量要足，量不能少。

測驗答案

A、這個男人尚未定性，經常換畫。你遇到這樣的男性朋友，可小心了。

B、這個男人對待新歡很認真，而且多半很希望快點結婚。

C、這個男人年輕時，因為年輕氣盛，認為可以和任何一個女人發生關係，然而最近他對女性的看法發生了變化，開始認真和懂得尊重了。

D、這個男人正年輕氣盛，對於心愛的另一方不太挑剔，如果他此時已經有了戀人，多半不會再對其他的異性感興趣。

測試你男友的花心程度？

你想知道男友的花心程度有多高嗎？想要知道答案的話，快來做個小測試吧！

他在工作上與上司產生了爭執，兩人各執一詞，但上司以自己的職位高來壓制他，此時他會怎麼做？

A、暫時服從，然後向上司的上級反映。

B、與上司講道理，若無效就只有服從。

C、直接服從，心裡痛罵上司一頓。

D、據理力爭，絕不妥協。

測驗答案

A、花心程度為（80%）

他是一個比較懂得運用策略的人，因此在愛情上也很有「技巧」。他表面看似不花心，但其實他心中很渴望與多位女孩交往，但理智上卻懂得如何控制，因此，當他開始追求其他異性時，你恐怕也要反省一下，是不是你再無吸引力了？

B、花心程度為（20%）

他會很理智地分析花心不是一件好事，因此他不會對別的異性輕易動心。他會把你照顧得很好，也會自我抵抗一些外界的誘惑，找到這樣的男友，雖然不能說高枕無憂，但也可以不必緊張。

C、花心程度為（40%）

你的男友性格比較樂於安逸，對一切容易滿足，一般不會輕易對其他異性產生好感。

只要你平時對他好點，然後注意經常扮靚自己即可。像他這樣的男子，除非女孩主動投懷送抱，否則不太可能會有外遇。而他的性格上也不是花心的人，祝福你，好好珍惜這份難得的愛情吧！

D、花心程度為（90%）

通常有性格的人都很花心，因此，如果你的男友選擇此項的話，你不僅要為他的工作擔憂，也會為你們的愛情擔憂了。他很容易為漂亮、性感的女孩而動心，隨時一腳踏兩隻船。

測試你會橫刀奪愛嗎？（女性題目）

你會為追求真愛而橫刀奪愛嗎？想要知道答案的話，快來測試一下吧！

如果發現自己的胸部越來越下垂，你會怎麼辦？

A、買矯型胸圍

B、乾脆做整形手術

C、找專業按摩師處理，以及進食補品。

測驗答案

A、橫刀奪愛的機會率：55%。

你會主動追求自己幸福，但不會隨便橫刀奪愛。但是當真愛出現的時候，你就會不擇手段豁出去，把對方搶過來。

B、橫刀奪愛的機會率：99%。

你有狐狸精基因，擁有一身勾惑異性的絕技，喜歡橫刀奪愛來證明自己的魅力。只要是你想要，你從沒失手過，是情場中的「高手」！

C、橫刀奪愛的機會率：20%。

你總是犧牲自己成全別人，即使深愛對方，只要知道對方有相愛的人，就會默默離開，含著淚祝福對方，不會橫刀奪愛。

測試你們的愛情為甚麼會無疾而終？

你試過愛情無疾而終嗎？究竟死因是甚麼？做做以下測試，你會找到答案。

你獨自一人走在道路上，你最害怕前方會出現以下哪種情景？

A、一座鬼影幢幢的死城

B、爬滿蜈蚣、毒蛇的爛泥地

C、烏雲密佈，閃電不斷打下來

D、一隻四不像的巨獸

測驗答案

A、你和情人都交友廣闊，常常為了朋友而把另一半擱在一旁。久而久之，會使彼此關係疏離。

B、你常為小事和情人鬥嘴，你們倆的愛情充滿「火藥味」，沒有甚麼浪漫可言。不過要小心控制自己的脾氣，小心講錯一些傷人太甚的說話，例如「我最錯是同你拍拖」等，令事情無轉彎餘地。

C、你們都很重視個人的空間，在愛情中要求保有一定的自由。不過小心太過自我，會讓你們彼此漸行漸遠。

D、你是個浪漫的人，在熱戀時百分之百的投入。不過要小心，你的耐力不持久，喜新厭舊，時間一久你就會移情別戀。

測試你是否會做小三或渣男？

你會為求得到所愛，不惜介入別人的感情嗎？做做以下測試，你會找到答案。

前面車輛的司機有甚麼駕駛習慣，會令你幾近抓狂崩潰？從這一點就可以看出你有沒有天份做第三者。

A、不打方向燈，就轉彎或靠邊停

B、開得極慢，有如龜速

C、在快車道緊急煞車

D、猶豫不決，忽左忽右

測驗答案

A、即使你愛上有家室的人，或者已有拖友的異性，都只會藏在心裡暗戀，不會讓別人知道。你不會做出甚麼大動作，但會特別注意一些小節，讓對方知道你的存在，可是又不具任何威脅。這樣的方式算是最高招的，你不會予人壓力，但同時又給予對方「你可以隨時候命」的感覺，最後只淪為做「兵」。

B、對於感情，你認為只要快樂就好，每個人都該忠於自己，不必受他人左右。所以你不會介意社會世俗的眼光，只要是值得自己去爭取的對象，你就會奮不顧身向對方示愛。這樣的衝勁與熱情很可能會嚇到人，可是你的積極主動也會讓對方無法抗拒，而讓你登上第三者的「寶座」。

C、你會謹守道德的尺度與規範，雖然追求真愛是每個人的權利，你還是會十分猶豫，不敢貿然行動。所以你只能遺憾兩人相見恨晚，就算是心中難捨，也告訴自己要放棄。若是對方為了你與現在的情人分開，身處道德高地的你會有罪惡感，而不敢放開膽子去追求。

D、你個性直接，凡事都想處理得乾脆利落。在感情上，你會希望能夠快點得到對方的確認，不要拖泥帶水，若是談不攏，那就不要再浪費彼此的時間，畢竟這都是個人的選擇，勉強是不會有幸福的，所以不要介入別人的感情。

你有發展網戀的可能性嗎？

你會在網上結識異性嗎？你會陷入網戀，失去理智嗎？做做以下測試，你會找到答案。

很多人喜歡在家中擺一盆花，就算不是為了增加桃花運，放在顯眼的地方，閒時看看花，保持愉快的心情。插花配上合適的花瓶，絕對會相得益彰。你會選用以下哪一種花瓶來插花呢？

A、手工玻璃瓶

B、陶盆

C、細瓷花瓶

D、籐籃

測驗答案

A、你一開始會覺得網戀好像吃快餐一樣，太過草率隨便了，一點也不符合你心中的理想愛情。可是試過之後，你就會 100% 愛上，反而成為最熱衷的一個。只要是遇到一些談得來的網友，你就會認真和對方交往，並希望步入婚禮教堂。你是網絡騙子的最佳「獵物」，小心人財兩失！

B、你認為感情是需要慢慢醞釀的，對於陌生的人，你總有點防備之心，無法完全交心。所以對於網戀，雖然有成功個案，卻還是遲遲不敢行動。網絡能為人開啟另一扇交友之窗，但是窗外的風景朦朦朧朧，也發生了不少騙案，使你無法踏出第一步，最後你還是決定按照一般的方式交朋友。

C、對於網戀，你又期待，又怕受傷害。在試探的過程，你會走得很慢，也許有人等得不耐煩，或是進展過快，對你有更多的要求，都會破壞你們的發展。你還來不及體驗到網戀的美好滋味，就已早早閃人了！

D、你喜歡嘗試各種新奇的事物，對於網戀更是覺得新奇，很想體驗看看。你活潑外向的性格，很有魅力，網戀最初是要用文字與人溝通，你在這方面很能展現自己的特質，吸引異性的注意。所以你的人緣不錯，交遊廣闊，能夠與大家玩得很熟絡，網戀成功的機會也很大。

測驗是否錯過真愛？

一段真摯的感情放在你面前，你會讓它悄然流逝，或是緊緊把握在手中呢？做做以下測試，你會找到答案。

測試是否錯過真愛？假如你去喝下午茶時，正在讀古典愛情名著，讀得正精彩時，不小心把盤上的蛋糕打翻了一桌，這時候你會：

A：拿起來繼續吃

B：請服務生收走，不吃了

C：再叫一份

測驗答案

A：你是對面前的蛋糕極其執著的人，綿綿舊情，久難忘懷，所以迄今還難找到到新愛，但與其說找不到，不如說是自己每次都故意讓機會溜走。

B：不吃了，代表你對蛋糕毫不執著，對逝去的愛，想得開也放得下，因此很少錯過可能發生戀愛的機會！

C：你再叫一份，代表比撿起來吃的人更執著，所以對初戀情人終生不忘，這癡情的人也有可能變成愛得發狂的激情派！

測試現階段你的感情結局？（女性題）

你會視伴侶是你生命的全部，失去他，就會天崩地裂？還是你本性獨立，即使受情傷，也能很快復原？做做以下測試，你會找到答案。

選一盞燈是你喜歡的獨處環境，可以測試你目前這段感情的結局。

A、足以照亮房間每一個角落的富麗堂皇的大吊燈

B、沿屋頂邊線排列的一圈或一排小頂燈

C、覆蓋範圍不大，但可以照亮你一個人的小檯燈

D、甚麼燈也不開，只是靜靜坐在窗邊，看著外面昏黃的月光和路燈 。

測驗答案

A、對你而言，燈火這一角色只能由你的真命天子一人扮演，而他是強而有力的男子漢，其足以為你撐起一片天。在你心中，他是無所不能的，所以某種程度上他就是你的全部。可是，正因為他的強而有力，你可以被捧上天，也可以隨時被他打入冷宮。失去他，對你而言就是失去了依靠，失去了人生意義，有機會自殺，小心啊！

B、開朗外向的你不會將喜怒哀樂都繫於一人身上，沒有一個人在你的精神世界佔有支配地位或是壓倒優勢，你的生活樂趣來很多方面，包括朋友、家人和愛人等等。所以就算其中一個人

傷害你，你也會很快從低谷中走出來。

C、你比較低調、務實，你既不夢想自己是麻雀變鳳凰的灰姑娘，也不奢望伴侶當你明星般寵愛。你要求不太高，只要能體貼入微地照著你一個人就夠了，這一角色的扮演者同樣不限一人，可以是老公，可以是老父。不管是誰扮演這一角色，你都可以容忍他的小男人和沒有本事，只要他對你好就足夠了。

D、周圍的環境令你不甚滿意，而周圍的人你也看不上，或者是不敢看上。總之，在你身旁沒有一盞燈能擔此照亮你的世界之大任，你把這一工作交給自己默默承擔。作為女人，你的自強自立確實令人佩服，但孤苦伶仃也令人同情。恐怕在無人的時候，也會暗自落淚，雖然你是女強人。

測試你的愛情會天長地久嗎？

你對愛情是三分鐘熱度？還是對愛人多多要求，但自己就毫無付出？抑或是一味處處忍讓，對情人的無理對待都逆來順受？做做以下測試，你會找到答案。

巫婆為了懲罰你，把你綁了起來，還決定將你變成一種你最討厭的「東西」，雖然巫婆的法力只能維持一天，但你連一秒都不能忍受，只好向巫婆苦苦求饒，請問這種東西會是以下哪一個？

A、一動也不能動的石雕像。

B、鋪在咖啡店門口、讓眾人踩在腳下的地毯。

C、得吃下大量粉筆灰的黑板。

D、吊著一堆濕答答衣服的竹竿。

測驗答案

A、你是一個熱情的人，很容易對喜歡的人發動猛烈的攻勢，但是當對方開始主動噓寒問暖時，你的熱情也在同時間開始冷卻。「得不到永遠是最好的」，這句話用在你身上最貼切無比。因此，你的戀情很難維持得久，往往都是由你先和對方說再見。恐怕要等到年紀漸長，你才會懂得後悔以前遭蹋了很多感情。

B、戀情一開始時一切都很正常，但隨著時間過去，你會不自覺地開始冷眼旁觀對方的缺點。等累積到一個程度，便爆發出來，將對方從頭到尾數落一遍，讓對方的自尊心大受打擊，戀情往往無疾而終。奉勸你在看到對方缺點的同時，也想想自己並非完美無缺，多看對方的優點，畢竟世上並沒有十全十美的人。

C、你這個人就是有點懶，一旦追求到手或開始談戀愛，就以為可以高枕無憂地等人家來愛你、伺候你，自己一點事情都不做。結果總會搞到對方忍無可忍，主動向你說再見，你才會大夢初醒，但已經來不及了。其實，兩個人就算已經結婚，也需要經營雙方的關係，「粗心大意、闊佬懶理」是你扼殺戀情的元兇。

D、你的戀情能維持一段相當長的時間，但這可是靠你的苦情換來的。你習慣在戀情裡扮演逆來順受的角色，這樣雖然能讓衝突減少、戀情壽命延長，但自己卻不見得快樂。兩個人相處在一起總是互相體諒和互相欣賞，建議你多重視自己，太多的遷就只會縱對方，委屈自己，戀愛長久也沒意思。

你的愛情態度是甚麼？

你信任伴侶嗎？你會 check 情人手機、電郵，確保他沒有出軌嗎？做做以下測試，你會找到答案。

你比較喜歡哪一種天氣？

A、雨天

B、晴天

C、陰天

測驗答案

A、在每段感情裡，你總是付出最真誠的心，勇敢去愛，沒有遲疑。可是，你以真情相待，對方未必同等回饋。建議你小心擇偶，謹慎出擊，這樣的愛才會長久。

B、學會獨處和獨立，是你強化愛情風險意識的雨天武器。不要總是寄情於人，應該更懂得自愛。你每次投入戀愛後，就會太依賴情人，失去自我，並將所有的情感和價值都寄托在對方身上。一旦依賴的目標不見了，就覺得山崩地裂、世界末日，無法自處，分分鐘為情自殺！

C、你對伴侶百分之二百信任，即使對方真的出軌，你都會為對方解釋，並深信只是誤會一場！你對愛情的期待很高，如活在小說的世界裡，還相信有海誓山盟、此志不渝的愛情。你期望越高，落空機會越大，一旦愛情出現危機，你才警覺事態嚴重。因此你應該保持警覺，注意對方的蛛絲馬跡，不要被對方玩弄。

你會否因為感情影響工作嗎？

你會因為感情影響工作嗎？以下的測試結果，可以告知你答案。

假設你是「鹹豬手」，你會先從哪裡下手？

A、摟小蠻腰。

B、搭肩膀。

C、摸下巴。

測驗答案

A、你會在熱戀中才容易影響工作。你剛熱戀時，被愛沖昏頭腦，就會無心工作。你平日工作態度很專業的，不過熱戀時會靈肉分離，身體在工作中，靈魂已經飄到情人身上了，不過，戀情穩定後你原有積極的工作態度就會恢復正常。

B、你不會被感情影響工作。你公私分明，明白專心努力工作，非常重要；至於感情的事情要留到下班之後再處理。

C、你失戀才會容易影響工作。你平時工作非常專業，甚至吹毛求疵，力臻完美，對很多細節都斤斤計較。不過失戀是你的死穴，失戀時你會完全失控，性情大變。

測驗你是不是一位及格伴侶？

你在另一半眼中是及格的伴侶嗎？做做以下測試就知道。

如果你要進行一次心靈探索之旅，你覺得自己坐在哪裡打坐，會最有靈感？

A、一顆老樹下

B、面對大海吹海風

C、面對死火山口

測驗答案

A、好伴侶指數 99% 相當有家庭觀念的你，顧家又愛家，誰跟你結婚都是上輩子修來的福氣。你婚後會用心的去經營家庭生活，把另一半當成心肝寶貝呵護。

B、好伴侶指數 60% 你懂得去適時呵護對方，勉強還算是個窩心的牽手，雖然不見得面面俱到，不過卻很會看另一半臉色，在婚姻中還算是個及格的伴侶。

C、好伴侶指數 40% 孩子氣十足的你，個性尚未成熟，伴侶會覺得跟你結婚，就像帶孩子一樣累人。你非常自我中心，伴侶必須事事忍讓你，非常辛苦。

你會如何培養自己的孩子？

如果你擁有自己的孩子，你會是嚴父嚴母嗎？還是任由孩子天生天養？抑或事事安排周到，令他們嬌生慣養？做做以下測試，你就知道答案。

假若某天你被雷劈到了，被雷劈後你會變成怎樣？

A、昏倒後靈魂出竅

B、變成冒煙的爆炸頭

C、變成可以施展特異功能的人

測驗答案

A、你是怪獸家長，會全天候照顧孩子所需，溺愛孩子過了頭，總是怕他捱餓著涼，吃魚怕他被魚骨刺傷，游水又怕他會遇溺，久而久之一個不懂人情世故的「港孩」又誕生了。

B、將來你會培養出一個非常有個性的孩子，因為你本身不願束縛孩子的天性，喜歡讓孩子自由發展。

C、將來你會培養出一個非常聽話的孩子，因為你希望小孩乖巧而有禮貌，坐要有坐相、吃要有吃相，千萬不可以太調皮。

測試你是甚麼樣的媽媽？（女性題）

如果你是媽媽，你在孩子眼中的形象是怎樣的？要求極高的嚴母？還是會和孩子一起喪玩的「大細路」？

假設妳出席電視台一個「整蠱節目」，在遊戲中，輸了要接受懲罰，妳會選擇哪一種懲罰？

A、用夾子夾眼皮

B、站在爆破氣球旁邊

C、手伸進放滿蟲蟲的箱子

D、被擲蛋糕

測驗答案

A、妳是「歇斯底里」的媽媽。妳容易神經兮兮的，比如說小孩哭了，妳會跟著哭；小孩感冒了，妳會寧願自己病。妳給自己太大壓力了，連周圍的人也被妳弄到緊張兮兮呢！

B、妳是孩子氣的媽媽。妳內心深處仍是個小女生，可能會跟小孩說悄悄話、跟小孩搶玩具，甚至還會跟小孩子吃醋……

C、妳是「心太軟又好商量」的媽媽。妳對小孩一點脾氣都沒有，儘管在外面是女強人、對老公凶巴巴，但對小孩卻十分寵愛，小孩要甚麼，妳就會買給他……當心縱壞下一代啊！

D、妳是有要求的媽媽，妳覺得對小孩疼愛歸疼愛，但該嚴格時絕不寬鬆。比如說不能抖腳、看到親戚長輩要叫人、讀書要用功……妳絕不會讓人家有機會斥責你的孩子「沒家教」。

03
職場前途測試

你在職場上被人淘汰的指數有幾高？

當職場求過於供時，你被淘汰的機會有多大？

假設你因迷路而誤闖非洲蠻荒部落，他們熱情招待你吃大餐，你會選下列哪一種噁心大餐？

A、生飲鱷魚血
B、暢飲老虎尿
C、生吃活肥蛹
D、油炸蟑螂腿

測驗答案

A、被淘汰機會率 99%

因為不懂看臉色，就只有被淘汰的命運。你活在自己的世界裡，只重視自己的感覺，所以會忽視別人對你的改進建議或批評。

B、被淘汰機會率 40%

你會積極改進自己，解決困難，因此，被淘汰的機會較低。

C、被淘汰機會率 80%

你常活在自己幻想的世界中，只按照自己喜好的習慣來工作，視公司的團體精神如無物，經常惹上司不滿。

D、被淘汰機會率 55%

你很自滿，以為自己「坐定粒六」，不會被淘汰。你會因疏忽而鑄成大錯，結果被人飛！

一個玻璃杯，可測試出你對人生前景的想法？

經濟衰退，公司倒閉、裁員、凍薪之聲不絕。你開始感到前路茫茫嗎？快來測試一下自己的前景如何。

喝飲料的時候，你是如何拿玻璃杯的？

A、手握杯的底部

B、雙手一起握住杯子

C、經常搖著杯子

D、一邊拿杯一邊用手指夾著筆

E、拿著玻璃杯的上方

F、緊握玻璃杯的中央

測驗答案

A、你頗為神經質，但具有藝術家天分，在這方面很有發展前途。

B、你頗為孤獨。不喜歡跟人交往，即使你要出席交際場合，也只是獨來獨往，不擅交際，非常「毒」。

C、你個性非常好動，喜歡參加團體活動。對任何新事物都感到興趣好奇，又好學習和研究，相信你的未來會相當美好。

D、只要做些自己感興趣的工作，你的事業會相當成功。

E、你的性格非常爽朗、樂觀，對前途及未來充滿自信。

F、你適應力很強，對人友善，樂於助人，有一股打不成的衝勁和熱誠。朋友托你做的事，你一定會盡力做到，容易被人賞識。

上廁所測試你的抗壓能力？

面對生活的壓力，你會尋找方法放鬆心情，還是收收埋埋，獨自發愁？做做以下測試，你會找到答案。

假設每一間廁格都沒有人，你會選擇進入哪一間？你的選擇，反映你的抗壓能力。

廁格 A

廁格 B

廁格 C

廁格 D

廁格 E

廁格 F

廁格 G

廁格 H

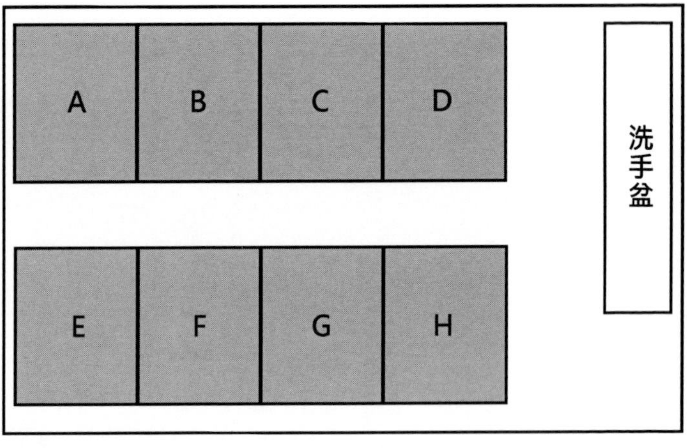

測驗答案

廁格 A、承受壓力指數為 3 分

你會全力以赴地去照顧和體貼心愛的人和所有親朋好友，多愁善感是壓力指數的致命傷。你凡事希望得到別人的鼓勵和讚揚，這使你很疲倦，不如放下旁人的眼光，自由自在過自己的人生。

廁格 B 、承受壓力指數為 8 分

你溫柔體貼，能快速了解別人的需要，善於處理複雜的人際關係。你品味高，條件好，是一個有智慧的人。不過，你有時做事太粗心犯錯，使別人深感困擾；你又不聽別人勸導而自尋煩惱，更因此而情緒失控，觸犯他人。

廁格 C 、承受壓力指數為 7 分

你永遠能陶醉在歡笑聲中，快樂時會想歡呼或手舞足蹈，你不會讓痛苦或不安打擾你歡愉的心情。你致命傷是「三分鐘熱度」，做事有頭無尾，有時更以玩樂為先，把工作放在最後，令上司和同事不滿，最終自招煩惱。

廁格 D、承受壓力指數為 9 分

你誠懇待人，能與人和平共處，人緣極佳。可是，膽小怕事使你包容它人的缺點，任由他們做壞事，不知後果的嚴重性。建議你多交成熟世故的朋友，你反而更有得著。

廁格 E、承受壓力指數為 4 分

你容易為生活瑣碎事擔心，生活上所有風吹草動都會令你神經緊張。當你無法承受生活壓力時，不妨讓自己輕鬆一點，別太在乎別人的期望，因為常常是你自己設定了太高的期望，使自己無法喘息。

廁格 F、承受壓力指數為 6 分

你觸覺敏銳，反應敏捷，適合從事有創意的工作。你勇氣十足，膽識高人，令上司刮目相看。你永遠都把事業放在首位，是典型的工作狂。但你要懂得 Work Life Balance，人際關係才會處理得好，壓力因此而消失。

廁格 G 、承受壓力指數為 10 分

你甚麽都可以看得很開，你的快樂是單純而自然，知足常樂。不過，你不是萬能，有需要別人幫忙時絕不能逞強，建議你多交一些有智慧和遠見的朋友。

廁格 H 、承受壓力指數為 5 分

你的個性孤僻又懶散，你求求奇奇過活，別人欠你的錢，你也懶得去追討。建議你面對自己，然後努力堅持，達成目標，千萬不要三心兩意，使自己人生失去動力。

你的人際關係及格嗎？

你享受與同事、朋友相處嗎？還是較鍾意收埋自己，過著「毒男」、「宅女」的生活？做做以下測試，你會找到答案。

假使你走向一個熟睡的嬰兒面前，他忽然睜開眼睛，你認為接著他會有甚麼反應？

A、哭

B、笑

C、閉上眼睛繼續睡覺

D、咳嗽

測驗答案

A、你是個沒有自信的人，因此很害怕與他人相處，深恐暴露了自己的缺點，就像自閉一樣。如果你能再自信一點，積極與他人接觸，相信你會發現外面的世界非常美好。

B、你是個自信滿滿面的人，交際手腕相當不錯，很容易和他人打成一片；但要注意的是，不要過度自信，只陶醉在自己的世界中，忽略了別人的感受、想法。

C、你是個相當「毒」的人，與其和別人在一起，還不如一個人來得快樂自由，所以根本不願、也覺得有必要與人合作。但工作是重注團隊精神，絕不可獨來獨往，所以你要好好調整自己。

D、你是一個相當神經質的人，非常在乎人際關係，也小心翼翼地去維護；但太過於在意別人的感覺、想法，會弄得自己精疲力竭，最好放鬆一下自己，以平常心來面對人際關係。

喝酒習慣測試你的社交能力？

一起來做這個測驗吧，你的答案會反映你社交能力。

你喜歡喝酒嗎？你喜歡甚麼類型的酒呢？

A、啤酒
B、清酒
C、紅酒
D、白酒
E、 香檳
F、 雞尾酒
G、不飲酒

測驗答案

A、啤酒

你喜歡喝啤酒，反映你個性隨和，與任何人都能談得來，沒有架子，容易獲得他人的好感。你社交能力強，真心對待朋友，當朋友有難時，你會伸手援助，令朋友對你非常感激；當你有困難時，朋友也投桃報李，鼎力相助。

B、清酒

你喜歡喝清酒，反映你善於社交，喜歡結交朋友，交游廣闊，只要自己看得順眼的人，都會開啟心窗與其交往，甚至毫無防備，把自己的秘密都全盤托出，把自己擁有的東西與人分享。不過在交友過程中，你要慧眼識人，並不是每個人都同你一樣真心對人的。

C、紅酒

你喜歡喝紅酒，反映你是一個遇事冷靜，踏實能幹之人。不過對金錢較為執著，會因錢財糾紛與朋友斷絕交往。你工作和做事都很審慎小心，連交友都會起底，才會放心交往。

D、白酒

你喜歡喝白酒，反映你是感情用事，喜歡幻想的人，對世界一切充滿不切實際的希望。你對他人沒有防備心，容易落入交友陷阱，變成「水魚」。

E、香檳

你喜歡喝香檳，反映你追求豪華、高貴的傾向。你喜歡通過認識朋友來抬高自己的社會地位，一些不符合你擇友條件的人，很難成為你的朋友。由於你擇友帶有功利的目的，很多朋友認為你唯利是圖，不夠真心，因此你的知己好友很少。

F、雞尾酒

你喜歡喝雞尾酒，反映你是個有才華和魄力的人，舉止優雅，做事有分寸，在社交方面寧缺勿濫。你不會刻意討好別人，也會輕易得罪他人，你覺得朋友不需要太多，有幾個真心知己就夠了。

G、不飲酒

你不喜歡飲酒，反映你個性保守、內向、敏感、膽小和脆弱，不善於表達自己的心中所想，也不輕易透露自己的心意。在交友方面，你比較吃虧，你很難認識新朋友，總覺得很難與陌生人打開話題，小心變成「孤獨老人」！

你和老闆的關係如何？

你是否討老闆歡心？還是經常踩中他的地雷，超越了他的底線？做做以下測驗，你就知道答案。

以下五鍋珍奇肉湯，你覺得哪一鍋有毒呢？

A、蝙蝠肉湯

B、鱷魚肉湯

C、孔雀肉湯

D、獅子肉湯

E、企鵝肉湯

測驗答案

A、你踩到老闆地雷的機會：20%

你不太容易踩到老闆的地雷，因為你懂得看風向，很清楚要站到哪個位置才不會變成箭靶。你不會拚命巴結老闆，但是你很清楚老闆信任某些同事，你會特別跟那些同事保持良好關係，讓老闆覺得你是自己人。「識得埋堆」很重要，至少老闆不會把你當成是眼中釘，而且這些同事也還會替你說話。最近你在工作方面只要不要出錯，基本上都不會被老闆找麻煩。

B、你踩到老闆地雷的機會：80%

老闆真的不怎麼喜歡你。就算你已經很努力保持在一個不出錯的狀態，但是你本身的做事方法、個性、口語表達上，就是跟老闆的磁場不合，就算是你表現得再好，你的老闆總會在雞蛋裡挑骨頭，找你麻煩。若果你做錯一點小事，老闆就能夠藉題發揮，跟你拼了命的算賬；加上同事也不敢幫口，令你更孤立無援。老闆不喜歡你的程度近乎是針對，你要有被炒的準備！

C、你踩到老闆地雷的機會：60%

你得要小心，你頗容易踩到老闆地雷，因為你具樂極生悲的性格。如果你最近的業績表現很好，那要記得絕對不要太驕傲，這會讓你的老闆覺得你風芒太露，就想要好好的教訓你一下，順便殺雞儆猴一番，你可能只是無心的開玩笑或是講一些八卦話，但講者無心，聽者有意，老闆可能因此而對你產生誤會，繼而藉題發揮找你麻煩。

D、你踩到老闆地雷的機會：40%。

最近你有少許惹老闆不悅的，主要是你的工作態度太散慢。可能你正在熱戀中，所以無心工作，上班時偷懶，怎料被老闆捉個正著。也許是你身體不佳，造成精神不振，上班比較容易打瞌睡而誤事，工作的進度也不夠快不夠好，讓老闆覺得你太過懶惰，要好好教訓一下。

E、你踩到老闆地雷的機會：0%。

最近的你是老闆眼中的紅人，老闆基本上對你是讚不絕口，根本不會想要找你麻煩，他對你的疼愛簡直讓其他同事眼紅。有些地雷別的同事是一踩就爆，但你不管怎麼樣觸碰，老闆都會和顏悅色，讓同事們相當羨慕。老闆特別偏心你、特別照顧你，你也該趁這個好機會好好工作，幫自己爭取到更好的成績，你的晉升速度比別人更快，至少你不太需要擔心老闆不開心時會找你開刀。

測試你的事業心？

你對事業有野心嗎？還是與人際關係更重要、升唔升職都無所謂？

假如今日是你第一天上班，下面哪一樣你一定要隨身攜帶？

A、紙巾／毛巾。

B、化妝品。

C、筆記簿。

D、公司文件。

測驗答案

A、你這個人沒有野心，屬於默默耕耘不問升職只求加薪的類型。你的工作態度非常好，只要肯努力幹的話一定會得到上司的賞識。

B、你好出鋒頭，就算是集體努力的成果，你都會邀功。提醒你，千萬不要「為達目的不擇手段」，要在事業上有所成就，良好的人際關係是關鍵。

C、你的事業心非常強，目標未達到你不會輕言放棄。你自尊心很強，對自己要求高，所以造成沉重的心理壓力。得閒的時候，多去旅行玩玩，輕鬆一下！

D、你的優點就是愛鑽研，而且懂得人情世故，處事圓滑的你，經常扮演和事佬角色，幫手調解公司內大大小小的爭執。

測驗你的領導 Style?

如果你做了小頭目，你會與下屬打成一片？還是盡顯威嚴，日日鞭策，務求下屬做出好成績？

Winky 上任沒多久，你發覺她工作偷懶，而且喜歡挑撥離間，幾經考慮過後，你決定把她解僱，這時你會怎麼做？

A、叫秘書 / 助手告訴 Winky 她已被解僱。

B、把 Winky 叫到辦公室，然後直接地把她辭退。

C、以溫和的語氣向 Winky 解釋，她實在不適合在公司工作。

D、直接把 Winky 炒掉，然後安撫其他下屬，叫他們安心工作。

測驗答案

A、你屬於被動的領導風格，不會積極領導，對部屬的失誤也會很易放過，基本上是部屬眼中的好好主管，但容易讓員工失去警戒心。如果能主動積極一點，讓自己看起來更加精明幹練，對領導一個團體進步是有很大的幫助。

B、你屬於獨裁的領導風格，要貫徹執行決策命令。作風強勢有主見，講求效率，自我要求高，做事一絲不苟，同樣地也不能忍受別人犯錯，希望下屬能完美地將工作完成。建議讓自己變得和藹可親一點，多多關心下屬的想法，有親和力的上司會得到同事的擁戴。

C、你屬於民主式的領導風格，作風富彈性，對下屬相當友善，是一個善於與員工打成一片的上司。你喜歡隨時隨地與每個人聊天，也歡迎員工與你進行真誠的意見交流。你不喜歡用疾嚴厲色的態度對待同事，但太寬鬆，會造成放縱，有時，適時地展現一點主管威嚴與架子，遇錯則應該重罰，才能立威，否則難保團體內有人不會「渾水摸魚」，濫於充數。

D、你有領導風範，作風明快清楚，講求公平競爭。既懂得在適當時刻運用權力展現威嚴，又能盡量和下屬保持良好合作的關係，下屬對你的滿意度頗高呢！

測試你是否適合做生意？

如果你做了老闆，你會努力尋找商機搵生意；還是墨守成規食老本？

度蜜月是婚後的重要環節，你會希望住在怎樣的度假套房中，享受你的新婚之夜？

A、視野絕佳的小屋

B、有水床的情人套房

C、可以豪賭的觀光飯店

D、豪華的總統套房

測驗答案

A、你一臉善良純樸的樣子，其實是扮豬吃老虎。人家以為你好說話，可以從你身上撈到一點好處，卻不知道你的算盤，打得比對方還精呢！

B、你的心腸太好，人家幾句哭窮，你就心軟，並將餅分了一大半給人家。過於主觀，又感情用事，無法理性地議事論事，也不能堅定守護自己的立場，是你很大的弱點，假如老犯同樣過錯，恐怕整間公司都要被你搞垮。

C、你具有冒險犯難的精神，勇於投入新開發的市場。在金錢遊戲中，你很夠膽，所以有不錯的斬獲。假如不幸估算錯誤了，你也輸得起，願意承擔一切。你熟知行情，同業也不敢睇小你。

D、你做生意一成不變，食古不化，職場如戰場，小心破產收場！

測測你的工作態度？

在職場上，你最怕與哪類性格的人合作？你認為哪些人會阻住地球轉，拖慢了你的工作步伐？做做以下測試，你就會找到答案。

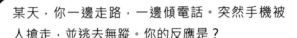

某天，你一邊走路，一邊傾電話。突然手機被人搶走，並逃去無蹤。你的反應是？

A、當破財消災

B、很氣憤，因為手機裡有很多有用資料

C、當時很心痛，過幾天便沒事了

D、天天詛咒那個搶手機的人

測驗答案

A、你做事謹慎而細致，從不會臨急抱佛腳，很少會出差錯。你最怕遇到那種做事風風火火、只求速度不求質量的伙伴，這種人是你事業的絆腳石。與這樣的人在一起工作，你的工作步伐會被其打亂，不但效率極差，而且容易出錯，盡快 KO 他吧！

B：你做任何事都喜歡提前做好計劃，並且嚴格按計劃執行。你最怕遇到那種做事缺少規劃、朝令夕改的拍檔，與其共事，會讓你無法按計劃完成自己的工作，結果一事無成！

C：你做事講究效率，最不喜歡拖拉。你最怕遇到那種做事慢吞吞的拍檔，眼看著工作一大堆，你急得快要冒火，對方卻毫不緊張。對於你來說，與這樣的人一起工作，無異於是一種災難。

D：你講究團隊精神，喜歡齊心協力，共同完成工作。那種我行我素、不按常理出牌的人，你一定會九秒九炒掉他！

你工作的死穴是甚麼？

人人都有缺點，如果某些缺點是你事業發展的致命傷，就要快快改正了。做做以下測試，你會找到自己工作上的死穴。

在公司中，以下哪一種人最惹你討厭呢？

A、不修邊幅

B、口是心非

C、不可一世

D、不自量力

E、攀龍附鳳

測驗答案

A、你做事過份執著，總要求自己或下屬在每一個細節上依足手續，不但令身邊的人增添壓力，處事時更欠缺彈性，往往要花很大的心力才能完成事情。想事業更上一層樓的話，就要學習靈活變通，決不能一成不變！

B、你不太懂得表達自己，總是說不清內心的鴻圖大計，有時被安排做不合理的工作，你都會默默去做！建議你有意見或大計就要直接表達，否則，上司或同事又怎會知道你的能力，你又怎可以好好發揮自己呢？

C、謙虛是你的長處，但也是缺點。所謂職場如戰場，過份謙虛會讓同事覺得太虛偽，令上司錯覺以為你無勇氣承擔，又怎會委以重任呢？

D、遇上陌生的工種時，你的反應是推辭；遇上難題時，你總是太易放棄，十足是豬般的隊友。

E、你很清高兼有點自傲，不屑借助他人的權力上位，甚或會跟有勢力人士劃清界線以避嫌疑，但這只會令你更難成功！你要對事不對人，別刻意疏遠有影響力的人士；有廣闊的人脈，做起事來事半功倍呢！

測試出職場上你最大的成就感在哪裡？

你工作上的滿足感來自甚麼？來自上司和同事的認同？來自客人的讚賞？來自工作的挑戰性？還是薪金？

工作上的事情總是做不完，而面對這種情況你會通常會怎麼做？

A、主動加班

B、要求減少任務

C、無所謂，做不來就轉工

D、好好分配時間

測驗答案

A、你希望職場上多勞多得，既然付出多了精力和時間，就希望獲得多點人工。薪金多少，等於公司對你能力的認同有多少。當你覺得自己付出很多，但公司依然凍薪，你就會灰心失望。

B、你渴望一份能夠表達自己創意的工作，你不喜歡束縛，這不是說你想打破公司的制度，只是想有更大的自由度，上司和下屬不要太拘謹，彼此能夠暢所欲言。

C、你著重和別人的交流和互動，這不是你喜歡討好人，而是想透過彼此友好的關係，令工作更有默契，更得心應手。

D、你渴望人家認同你的價錢和表現，即使這個職位的薪金不太吸引，只要你從中得到別人的肯定和欣賞，你就會毫不計較地奮力去做。你會不斷挑戰自己，循序漸進地提升自己的能力。

測驗你做哪一行更容易發達？

每個人心中都有個發達夢。有人希望中六合彩，有人希望透過做生意掘得一桶金。你想知道自己做哪一行較容易發達嗎？做做以下測試，你會找到答案。

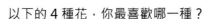

以下的 4 種花，你最喜歡哪一種？

A、木棉花

B、玫瑰花

C、鬱金香

D、百合

測驗答案

A、木棉花是一種很樸素的花，你選擇木棉花，說明你很爽快，是個不會耍陰謀詭計的人。你交友處世都喜歡直來直去，從不在背後耍陰招。如果你具備文學藝術天分的話，寫作可以為你帶來財富。

B、你是個浪漫、任性而無拘無束的人。你追求自由自在的空間，最喜歡花天酒地。你頗有藝術天分，可從這方面繼續發展，為自己賺取財富。

C、你是一個感情豐富的人，但做事虎頭蛇尾，如果有一天，你能做到從頭到尾，一絲不苟地工作的話，你就有發達的希望了。

D、你生活態度非常嚴謹，做事總是有條不紊，髮型永遠不會改變。勸你找一份穩定的職業，每月持續存錢和做好投資計劃，才會為你帶來可觀財富。

測試你適合 Working Holiday（工作假期）嗎？

不少人藉著工作假期賺取了可觀的收入，也有不少人換來傷心的回憶，如果是你，你會有甚麼遭遇？做做以下測試，你會找到答案。

在萬聖節「扮嘢 Party」上，你想扮成哪個造型呢？

A、吸血鬼

B、白骨精

C、小黑貓

D、科學怪人

E、南瓜頭人

測驗答案

A、你還沒有心理準備去工作假期，你太容易被一些負面的新聞、消息所影響，也容易被身邊的人阻礙行程；其實你心底裡很想出去闖一下，這樣的猶疑不決讓你很難下決定。

B、最近的你很適合去工作假期，你很細心，一早已弄清楚所有該辦的簽證手續、所有該注意到的旅遊細節，還有該去哪個城市、該住在哪個地方比較省錢，可以找哪些志同道合的人一起去等等。你真心想要去「行萬里路」，所以做足準備，這種個性會造就你計劃成功。

C、你個性成熟獨立，是相當適合去工作假期。獨立的你很有勇氣，也很願意冒險，你很清楚打工旅遊不只是賺錢，還會得到很多不同的經驗和體驗，這是難能可貴的人生經驗。

D、你對工作假期有過度美好的幻想，也沒有深度去瞭解到工作假期究竟是去做甚麼。你只抱著玩樂和賺錢的心態去吃喝玩樂，而不知道需要付出汗水賺錢及體驗人生。

E、你很適合去工作假期，你很清楚你自己想要甚麼，並不單純只是想增廣見聞，你還有計劃想賺一筆錢。你肯拼肯捱，勇於冒險，當然你也不會虧待自己，在工作假期的過程中，除了積極打工賺錢外，也會盡心玩樂，享受人生。

老闆為甚麼不給你升職加薪？

你自問勤奮向上，但公司論升職加薪，總是沒有你份，為甚麼？做做以下測試，你會找到答案。

從下面四道食譜中選出最想吃的一道菜做晚餐，你的答案，可反映出老闆為甚麼不加你薪水！

A、柴魚煲仔飯

B、梅子茶泡飯

C、荷包蛋煲仔飯

D、臘腸煲仔飯

測驗答案

A、柴魚煲仔飯：

反映出你是個面面俱圓的人，喜歡和樂融融的氣氛，不喜歡與人爭吵；在工作場合上，你不太敢說出自己真正的想法，只傾向附和別人。在老闆眼中，你是一個不敢承擔責任的員工。建議你勇敢表達自己，把自己真正的實力表現出力，這樣才會得到上司的肯定，你才會有升職加薪的機會。

B、梅子茶泡飯：

反映出你是個謹慎的人，對於沒有把握的事情，不會輕易動手。不過你的老闆會希望你更有衝勁、更勇於表達；老闆不加你薪，是因為你不樂觀積極。建議你工作時多面帶微笑，表現出上進的心，這樣你就離升職加薪之日不遠了。

C、荷包蛋煲仔飯：

反映出你直腸直肚的個性，在職場上你容易得罪人，唔被炒已偷笑！即使你工作表現再好，都事倍功半。建議你開玩笑時也要看場合，小說話多做事。

D、臘腸煲仔飯：

反映出你是一個創意十足又具領導能力的人，在工作上樂於幫助同事，在你身邊工作是人生的一大幸福，也因為這樣，你容易將別人的責任招攬到自己身上，想要老闆升職加薪的話，不妨找個時間自己開口，相信一定會有好的消息。

你適合甚麼職業？

你想尋找工作，唔知自己適合甚麼行業？你想轉行，但又感到前路茫茫？以下的測試結果，或許可以指點你迷津。

旅遊時，你在荒山野嶺迷了路，這時天色已晚，你發現不遠處有一間小屋子，於是想向屋主借宿。可是屋主老夫婦卻告訴你，屋內四間房都鬧鬼；如果你一定要住下來，你會選擇哪個房間？

A、有人會從窗外惡狠狠瞪著你睡覺的房間

B、廁所會傳來關門聲和女人歎息聲的房間

C、你一睡上去床就開始搖晃的房間

D、半夜醒來看到一個怪物坐在床邊的房間

測驗答案

A、你比較適合醫生律師等專業。

B、你比較適合一份很穩定的職業，例如公務員。

C、你個性比較好動，可以常常去外面走動的工作較適合你，如記者、銷售員等等。

D、你適合從事接近群眾的工作，例如演員、區議員等。

你在事業上的機心有多重？

在公司裡，你是一個得過且過的「躺平族」？極具野心的戰士？努力令同事和諧歡樂的開心果？以下的測試結果，可以讓你進一步看透自己。

當你在工作上受到委屈，你會對誰訴說你對上司的不滿呢？

A、家人或朋友

B、要好的同事

C、只在心裡想

D、網路上的陌生人

測驗答案

A、家人或朋友

機心指數：30%

你是一個外柔內剛的人，平靜的外表下掩蓋著一顆剛強的心。在辦公室裡，你表面上給人深藏不露、機心重重的印象，可一旦出現了你難以忍受的情況，你就會直斥其非，甚至展現殺氣騰騰的樣子。你的情緒容易一觸即爆，宜小心處理。

B、要好的同事

機心指數：5%

你是一個坦白直率、我行我素的人。你在人前人後都是風風火火的姿態，為人坦誠，肚子裡藏不得秘密，最容易激動，一激動就甚麼話都說得出，包括人家的秘密。你毫不掩飾自己的真性情，還談何機心？！所以主管最怕你不小心洩露公司秘密，有損公司利益、破壞同事之間的感情。

C、只在心裡想

機心指數：99%

你是一個滿腹心計的人。你是辦公室的智多星，幫人出主意是你的拿手好戲，也因此易贏得人心。你也很懂得利用機心，幫助同事完成任務之餘，又可以表現自己的能力，同時又會讓上司看到你的付出，絕對是利人利己！你又善於鼓勵他人向前衝，而自己則跟大隊，所謂「行先死先」，你永遠把自己置身於安全位置。你懂得順應上司、主管的想法，容易成為上級領導的寵兒。

D、網路上的陌生人

機心指數：60%

你是一個不拘小節的人。在辦公室裡是個開心果，有你在，公司氣氛馬上融洽歡樂。很多人被你迷惑了，以為你甚麼都不計較，其實你心裡對辦公室裡的一切都瞭若指掌，只是因為想過得輕鬆快樂點，無意介入複雜的人事鬥爭。

測驗你對工作現狀的滿意度？

你滿意自己的工作表現嗎？目前這份工作能盡展你所長，還是在埋沒你天份？

如果在一張白紙的中央畫有一個圓圈，若要再加上一個圓圈你會怎麼畫？

A、在原先的圓圈外畫個大圓圈

B、在原先的圓圈內畫個小圓圈

C、兩個圓圈互相交錯

D、兩個相遠離的圓圈

測驗答案

A、你具有挑戰新事物的強烈慾望，是個自我擴張慾望很強的人。不論是工作內容或職場職銜，都有一個遠大的目標；當完成目標後，你又會設下更高的目標。

B、你一味回顧過去的輝煌歷史，過份沉溺過去的成敗得失。現在的你自我封閉，不願面對現實。

C、你好高騖遠，但又眼高手低。建議你量力而為，不要空談，為未來設下可達成的目標，再貫徹執行。

D、你認為老闆、同事無法理解你的想法，你有志難伸。注意：機會是要自己爭取的，與其自怨自艾，坐以待斃，倒不如積極拓展機會，透過不同平台表演自己，讓人家看到你的才華。

測驗你是否具備領導才能？

你享受做 Leader 嗎？還是樂於做成功人士身邊的助手？以下的測試結果，可以讓你了解自己在團體中適合做的角色。

有一天在路上，你遇到失去連絡多年的舊情人。你們相約到附近的咖啡廳坐坐，大家除了聊聊目前的生活之外，難免談起以前的時光，這時候，你最怕舊情人提起甚麼？

A、兩人剛認識時的甜蜜回憶

B、分手時的感覺

C、當初介入你們的第三者

D、有一次出國旅行的經驗

測驗答案

A、在人數不多的小團體裡，你可以發揮領導才能；但人變多了、關係複雜了，你就會掌控不住。

B、你在團體當中通常是後勤的角色，你的生活哲學是「平生無大志，只求有飯吃」，隨遇而安，得過且過。

C、你有領導的才能，可惜卻沒有領導的氣度。想要讓一群人服從你，可不是單靠才華的。唯才是用、能屈能伸、善用智謀，也是領導必備的風範。

D、你是天生的領導者，有指揮群眾的天份和魅力。你不會刻意表現出自己的野心和企圖心，但是大家一遇到問題都會找你解決，找你出頭。大家都喜歡和你在一起，可能就是你有一股王者的風範吧！

測驗你適合創業做老闆嗎？

如果你做老闆，會執笠收場，還是突圍而出，越做越大？以下的測試結果，可以反映你否適合做老闆。

你具備做老闆應有的特質嗎？度蜜月是婚後一個重要活動，你希望住在怎樣的度假套房中，享受你的新婚之夜呢？

A、視野絕佳的小木屋

B、有水床的情人套房

C、可以豪賭的觀光飯店

D、豪華的總統套房

測驗答案

A、創業度：70%

在商場經營上，你需要有個同伴和你一起去談生意，你負責搞氣氛，他負責傾細節，兩人一唱一和，生意很快傾得成！你一臉善良純樸的樣子，沒人會懷疑你的誠意，甚至還會不好意思會欺負你。其實，你是扮豬吃老虎，不知不覺中讓你佔盡了好處。人家以為你好說話，對你防備甚少，覺得可以從你身上撈到一點好處，卻不知道你的如意算盤，打得比對方還精呢！

B、創業度：60%

你的心腸太好，容易輕信別人，喜歡站在對方的立場為別人著想，人家幾句哭窮你就心軟。你無法理性地就事論事，屬於易感動型，容易被他人影響，沒有主見，你經常被別人的思路左右，無法堅定自己的立場，假如老犯同樣一個過錯，在競爭中難有優勢，恐怕執笠收場。

C、**創業度**：90%

你具有冒險犯難的精神，勇於投入新開發的市場。你有很強的前瞻性，智慧和謀略經常會被同行所賞識。你有膽有識，破浪前進，遇到事情總是能找到完美的方法解決，以最少的投入換回最大的回報。假如不幸估算錯誤了，你也輸得起，願意承擔一切責任，敢做敢當。

D、**創業度**：80%

生意就是生意，你喜歡立桿見影、乾脆利落，猶豫不決絕不是你的作風。不管人家動用甚麼人情關係，你都不會為之所動，一切以公司利益為重。

測驗你的職場缺陷？

人人都有缺點，但如果缺點直接影響工作表現，就要及早改善。以下的測試結果，可以反映你職場上的致命缺點。

如果有一晚你突然做了一個惡夢，夢中可怕的情境與現實真假難辨，你認為是以下哪種情境？

A、陰暗潮濕、氣氛詭異的地下室之中

B、亂葬崗中

C、找不到出口的山洞裡

D、高塔的頂端

測驗答案

A、你無法獨立工作，老是依賴主管或同事替你執手尾。小心成為辦公室的豬隊友。

B、你 EQ 較低，太情緒化，令上司和同事都深感困擾，他們不懂與你相處，更害怕與你合作。你要多多學習控制情緒，否則除了討人厭外，更很快被炒！

C、你缺乏自信心，明明大家都已經肯定及確認你的能力了，但一要負責新項目，你就感到害怕，慌了手腳。建議你冷靜面對，對自己要有信心，才能會讓人刮目相。

D、你害怕面對突發的變化，容易感到心慌。你太情緒化了，EQ 較低，又不肯接受同事意見，是標準廢青。如果你想工作事半功倍，要懂得減壓，紓解抑鬱，搞好同事之間的人際關係，不要閉門造車。

測測你事業心的高度？

你事業心重嗎？做做以下測試，你會找到答案。

如果你握有大權，你希望能夠在森林公園裡建造怎樣的建築物？

A、童話式的糖果屋

B、充滿禪風的木屋

C、有牛有羊的牧場

D、豪華獨立的別墅

測驗答案

A、你表面上好像有些不切實際、愛幻想，但其實你行事謹慎，能腳踏實地做事，只是有時想逃脫現實，放鬆心情而已。你期待事業上有成就，同時也希望有一個人能協助成全你的創意與思考，放權讓你自由創作。

B、在工作上，雖然積極行事，但並不在乎是否名利雙收，只求心靈滿足。你對物質的慾望較低，名利對於你來說太「Cheap」了！

C、你希望能夠同時兼顧家庭和事業，事業與家庭任何一項的不圓滿，都是你莫大的缺憾。

D、你事業心很重，對自己的能力頗有自信，對經營自己的事業有莫大的理想。只要立定明確目標，就會積極進取，希望自己能達到一定的職級和社會地位。

測驗你的拍馬屁功力？

為了仕途更加順利，你會巴結上司，討好同事嗎？不過，拍馬屁都要講技巧，拍得出色，可以增進大家感情；拍得太露骨，會令人覺得你很假。以下的測試結果，可以反映拍馬屁的功夫是否到家。

職場如戰場！為了得到上司的寵愛，為了更快升職加薪，要如何競爭？你是否有拍馬屁的功力？一眼看去，憑直覺你會選擇哪一個圖形？

A、正方形

B、圓形

C、禁止進入圖形

D、三角形

E、十字圖形

測驗答案

A、你拍馬屁功力 80 分。

為了現實利益，你的面子一點點被抹殺，雖然拍馬屁的方式較含蓄，在大多數情況下還是看得出來。你拍馬屁的功力，不是一般人能匹敵的。

B、你拍馬屁功力 99 分。

你就是個超級馬屁精且功夫一流！在你看來「拍馬屁」是一門溝通藝術，從不覺得這是可恥的事，反而引以為榮，正所謂人無恥，便無敵！

C、你拍馬屁功力 40 分。

要拍馬屁討好上司？這種為了升職加薪低聲下氣討好上司的事情，你不太想做。即使全世界的人都在為錢而拍馬屁，你也會裝出一副清高的樣子。口裡說不，但身體卻很誠實！

D、你拍馬屁功力 60 分。

你慣於跟大隊做事，如果看到其他同事都在巴結老闆，你也不會落後人前的。

E、拍馬屁功力 10 分。

你似乎沒有一點拍馬屁的慧根。不過，也恭喜你，你非常知足，不喜歡競爭。即使沒有升職加薪的機會，也不會強求，甘於做個 Small Potato ！

你最想追隨哪種類型的老闆？

如果可以選擇，你喜歡哪種類型的老闆？親力親為的？勇猛戰鬥的？慈祥仁愛的？以下的測試結果，可以告知你答案。

若你是個編劇，有個浪漫愛情劇本等你寫開場，你會讓男女主角在下面哪種場景中邂逅？

A、女主角開車時意外撞倒男主角

B、二人開車時發生碰撞而下車吵架

C、突遇暴雨，兩位互不相識的男女主角馬上協商好，共乘的士離開。

D、女主角的車輛拋錨，男主角正好路過並幫忙修理

測驗答案

A、你最想追隨有威信、有霸氣的老闆。你認為跟隨這類型的老闆，會學習到很多東西。

B、你最想追隨有才華的老闆。你認為跟一位有遠見的老闆共同打拼，定會很有前途。不過實話說，這也許是你的一廂情願。

C、你最想追隨慈眉善目、有人情味濃的老闆。你認為跟這種類型的老闆一起工作，很有安全感。從這一點可以看出，你也是一個重情義的人。

D：你最想追隨做事爽快的老闆。你認為工作就是為了賺錢，老闆給多少錢就幹多少份量的工作。從這一點也可以看出，你是個現實主義者。

測試你平衡工作與家庭的能力有多高？

工作和家庭，你較重視哪一方面？還是你兩者均可兼顧，完全做到 Work Life Balance ？以下的測試結果，可以告知你答案。

下班或放學返家時，你會不會直接回家？

A、直接回家

B、買些東西再回家

C、先回家再出去買東西

D、直接回去，但途中會閒逛一下

測驗答案

A、你歸心似箭，比起工作，你更重視家庭。有時，為了幫同事解決困難，你可以「捱義氣」，犧牲私人時間。但如果有得選擇，你寧願以家庭為首位，最好不要受公事干擾。

B、不直接回家的人心裡有解不開的芥蒂。原因可能來自家裡或公司，但總之是坐立不安的，也許是不善於抒解工作壓力，導致家事也受影響。

C、你具有獨立思考的能力，善於安排工作，心情經常處於平和的狀態中，是 Work Life Balance 的表表者。

D、你處事靈活，可以適應任何環境，但容易被周圍事物左右，時常採取「多一事不如少一事」的態度。公司需要你，你就會加班處理；屋企需要你，你又會無私付出。

測試你會如何面對工作挫折？

挫折最能考驗一個人。遇到困難時，有人會遇強愈強，有人會灰心失意，恍如世界末日降臨。如果工作上遇到挫折，你會如何應對？下的測試結果，可以讓你進一步看透自己。

在「白雪公主」的故事裡，巫婆讓白雪公主吃了一個毒蘋果。如果毒蘋果要換成其他物品，你會選擇下列哪一項？

A、擁有使人失智的魔咒項鏈

B、永遠不能說話的口紅

C、一覺不醒的棒棒糖

D、穿了就脫不掉的隱形衣

測驗答案

A、面對挫折裝傻不知，暗中修補自己缺失。

你明明知道是自己的錯，或你已經遭受挫折了，你這時不會擺明說：「好，我會改進！」你會暗中修補自己的缺失，讓別人覺得你好像越來越棒，你就會覺得很有成就感。

B、作出解釋，期望得到上司的幫助或諒解。

你做錯事情或面對挫折時，你會用說話的方式懇請對方再給你一次機會；或者你會把前因後果交代清楚，希望得到對方的幫助或諒解。

C、甚麼都不說，默默在做、默默承受。

你覺得要得到人家的諒解太難了，講多無謂，你乾脆默默的做、默默的承受。有一天別人會知道你曾經付出過甚麼，有一天別人會知道並不是你的錯，等到真相大白的時候，你便會沉冤得雪。你是個「少說話，多做事」的人，甘心情願默默付出。

D、擺脫不了工作陰影的沉重包袱，顯得焦慮不安。
面對過去的工作挫折，這個陰影你永遠揮之不去。你長期處於焦慮不安的情緒。建議你把這個焦慮的態度和情緒戒除，否則工作幹不好，更會患上心理病。

你在工作上，最讓人佩服的是甚麼？

你工作上哪方面的能力，最受人讚賞？以下的測試結果，可以告知你答案。

在「跳蚤交換市場」，你會用手上一部破舊手機換取甚麼？

A、一件舊 T 恤。

B、一堆古舊的鈔票。

C、超偏遠的廉價旅館住宿券。

D、明天就要過期的水餃。

測驗答案

A、你摸底的能力，非常高超！你剛到新環境時，你會非常認真努力投入學習，可是一旦摸熟了，你就開始懂得鑽空子，靈活走位，提早下班。下班後，才是你真正生活的開始！

B、你拍馬屁的功力，讓大家很佩服。你非常擅長睜著眼說瞎話，你的馬屁功力會讓上司、同事都非常的喜歡你。100% 是個馬屁精！

C、你過人的體力，讓大家很佩服。你越戰越強，工作上別人已經累得要命時，你還是一樣精神抖擻。

D 、你工作很努力，讓大家很佩服。你是腳踏實地型，覺得在專業上讓自己更有實力，是人生最快樂的事情，所以各種在工作上的挑戰，你都會勇往直前。

測驗一下你會如何應對上司的責難？

如果你有個野蠻上司，你會逆來順受，還是據理力爭？以下的測試結果，可以反映你對上司的忍耐力。

假設你走進一間時裝店，你看中了一件衣服，可是尺碼有點小。但銷售員告訴你「只賣剩這一件」，你會如何選擇？

A、就買這件了，尺碼小一點，穿上去更顯得身材苗條呢！

B、小一點就小一點，將就一下沒所謂。

C、先不買，等下次有新補貨時才買。

D、決不購買，穿衣服當然要鬆身一點好啦！

測驗答案

A、你天生喜歡受虐，即使上司俾包屎你食，你也甘之如飴。

B、你的忍受能力很強，會暗中提升自己的能力，務求一天得到他讚賞。

C、你很實際，可以忍一陣子，但會把握時機「復仇」，以討回公道。

D、忍一時，不能忍一世；上司給你刁難，你會找機會向他報復！

測驗你的事業野心？

你返工，是但求有糧出就夠？還是希望取得一定成就，最好名利雙收？以下的測試結果，可以告知你答案。

端午節時，除了吃糉、觀看龍舟比賽外，有人會在門前懸掛艾草、菖蒲，以達到驅邪、驅蟲、殺菌的作用。你想將艾草、菖蒲懸掛在哪裡呢？

A、依然掛在門前

B、懸在窗戶上

C、插在床頭

D、滿房間隨便插

測驗答案

A、你個性隨和，常會迎合別人，不喜歡變動和挑戰，希望和諧、安定，知足常樂。只要能給你一個穩定、安逸的工作環境，你便會扎扎實實的做下去。名利的世界雖然充滿誘惑，但風險太大、壓力太大，你不想也不敢去追求。但缺少慾望就會缺少鬥志，沒了鬥志，你的位置也就容易被人取代，份工都冇埋！

B、你有很多理想，並且喜歡在同事、上司面前暢談你的鴻圖大計，想讓人覺得你是一個有追求、能進取的人。但對於你而言理想大並不等於野心大，原因在於你的理想只停滯於想和說的階段，是個吹水佬而已！

C、你的權力慾望很強烈，在職場中即使是一個普通職員，都會表現出掌控一切的慾望，比你的上司更像上司。懷抱這種野心所產生的動力，會讓你以身作則，享受事業給你帶來的成就感。但小心越俎代庖，功高蓋主，也不要挑釁老闆的領導能力，先做好自己份內事，與同事相處時也應圓滑些，這樣你總會有發光發熱的一天！

D、你從來都知道自己想要甚麼，並且也從不會滿足，你的野心就像是無底洞，永遠都無法把它填滿。今天要了權，明天就會要利，不管慾望的道路佈滿多少荊棘，有多少不可預測的危機，只要你想要，即使赴湯蹈火都會奮力爭取。你的無畏無懼，你的勇往直前，可讓事業發展得如日中天。

測驗你的職場情緒管理？

你的工作模式是怎樣的？做事很有效率？還是有正經事唔做，只懂搞辦公室政治？

每天返工、放工，你都飽嘗等車和塞車之苦。今天你等了好久都未有車，這時的你會採取下面哪一種等車姿勢呢？

A、把手放在背後，或是不斷地看錶

B、把手插在口袋裡

C、雙腿交叉地站著

D、找一面牆靠著

測驗答案

A、你很講求效率和成效，一想到甚麼事，就要立即做到才行。對於辦公室政治，其實你並不喜歡，但因為怕別人的閒言閒語，就虛情假意的做著。

B、你是一個有城府的人，在笑臉的背後，也許隱藏著甚麼重大的陰謀。正因為你把全部的聰明全放在人際的周旋上，投放在實際業務上的時間卻很少，所以小心聰明反被聰明誤啊！

C、在辦公室你的角色，有點像一個可憐蟲！你很無自信，EQ低得可憐，別人隨便吼唬你兩句，你都嚇得個半死。雖然你每天都立志要做一個有主見的強人，可總是事與願違。

D、你情緒管理非常差勁，陰晴不定的表情常常會掛在臉上。做事好像也是率性而為，一不高興就會黑臉，你犯錯，仍會擺著受害者的姿態，非常令人討厭！

04
理財智慧測試

你破財的原因是甚麼？

想要發達致富，除了要學會賺錢，更重要的是要學會理財。你能守住財富嗎？你會漏財嗎？你在哪方面最容易漏財？快來做個測試看看吧。

以下測試是計分題，計分方式：A=1 分，B=0 分。你得到的總分，可反映出你破財的原因。

1、 你習慣的購物過程是？

A、見到心儀即買

B、貨比三家

2、 如果你擁有了足夠奢侈一生的財富，你覺得你還會繼續工作（或自己創業）嗎？

A、會

B、不會

3、 你對自己的能力有信心嗎？

A、是的

B、不太有自信

4、 在父母眼裡，你是一個比較聽話的孩子嗎？

A、不是

B、是的

5、 你寫字比較潦草，還是很工整？

A、潦草

B、工整

6、 即使很累，你也會神采奕奕地出現在別人面前嗎？

A、是的

B、比較難做到

7、 你的朋友多不多？

A、很多

B、不多

8、 你是一個愛表達意見的人嗎？

A、不是

B、是的

9、 你人見人愛嗎？

A、確定

B、不確定

10、你接受靠整容變靚嗎？

A、可以試試

B、不管能不能接受

11、你在社交平台通常會寫些甚麼？

A、吃喝玩樂、自拍

B、抒發感慨

12、你是否覺得有些事情似曾相識，但事實上之前並沒發生？

A、沒有過這個感覺 / 記不清了

B、是的，有過這種感覺

測驗答案

A、9-12 分

你野心過大，為了賺錢不惜「重金」投入一時盛行或自認為不錯的項目，甚至不惜走去借貸。你太沽注一擲了，賭對了就一夜暴富；若失誤了，就會血本無歸，破產收場！

B、7-8 分

你在物質享受上所費不菲，你容易因奢侈浪費、克制不住消費的欲望而失財。建議你別再大花筒，要建立儲蓄的習慣。

C、6 分

你心中藏不住秘密，就連 EPS 卡密碼你都會講出來，結果常被人利用而破財，絕對是騙徒的最佳獵物。害人之心不可有，但防人之心不可無，不是甚麼事都可以對別人說的，哪怕是自己最信任的朋友或家人。

D、4-5 分

你太仗義疏財，朋友有求於你，你都會不忍拒絕，慷慨解囊，毫無底線，結果破財又擋不了災！你成為了家人、親戚、朋友的「提款機」都懵然不知，不知不覺間，你助長了他們依賴的心理，一要錢就找你。這是無底深潭啊，對方要求不合理時，你要 Say No 拒絕！

你的理財盲點是甚麼？

你的理財盲點是甚麼呢？想要知道答案的話，快來測試一下吧！

到國外的跳蚤市場購物，你喜歡「淘」哪類物品呢？

A、手工織毯

B、古銀首飾

C、書畫作品

D、古董相機

測驗答案

A、你耳仔軟，容易心軟，對人毫無防備之心。你對推銷員的話會照單全收，令家人提心弔膽，深怕你的信用卡又再度透支。你消費時經常失去理智，想買便買，導致入不敷支，戶口長期出現赤字。

B、你對每一分錢都很重視，認為財富就是靠這樣一點一滴積累起來的。雖然財富積小成多，但速度很慢，建議你試著去做一些投資，令回報增加。

C、你有點不切實際，做甚麼都只為了完成夢想，缺少對現實的考慮。錢，要用得其所，建議你找個值得信賴的人替你投資或管理財富，否則，很快變窮光蛋。

D、你沒有理財觀念，開源和節流，你寧可只做前者。你認為花錢可以令自己開心，吝嗇的行為只會委屈自己。你的品味和眼光不錯，往往能及時選購保值的東西，穩住財富。

坐車習慣找出助你旺財的植物？

哪種植物會旺你的財運呢？測試一下吧！

如果你坐在電單車後面，你的手是怎麼擺放的？

A、放在騎車的人的腰裡

B、放在車的後面

C、雙手環抱緊騎車的人

D、放在自己的膝蓋上

測驗答案

A、你的旺財植物：富貴竹。

富貴竹的美與它的吉祥名字分不開。中國有「花開富貴，竹報平安」的祝福說話，由於富貴竹莖葉纖秀，柔美優雅，極富竹韻，對你至為合適。

B、你的旺財植物：發財樹。

發財樹有淨化空氣的作用，主要吸收硫、苯等，是吸收二氧化碳，釋放氧氣。發財樹寓意生意興隆，助你財源滾滾。

C、你的旺財植物：蘭花。

蘭花是中國傳統名花，是一種以香著稱的花卉。蘭花以它特有的葉、花、香獨具四清（氣清、色清、神清、韻清），具高潔、清雅的特點。種植此花，你的投資收入會大增呢！

D、你的旺財植物：常春藤。

常春藤可淨化室內空氣、吸收苯、甲醛等有害氣體，可使你的財源滾滾來，財運不斷。

你是一個善於理財的人嗎？

來測試以下的財富測試，看看你是不是一個善於理財的人吧。

你經過麵包店的門口，麵包店裡新鮮的麵包剛剛出爐，香味四溢，按照香味來判斷，你覺得是哪種麵包呢？

A、菠蘿包

B、蛋撻

C、牛角包

D、芝士包

測驗答案

A、你是格價專家，哪裡消費有折扣優惠，哪裡買一送一，問你最清楚。節省金錢，是你一生追求的目標！

B、你沒有金錢概念，理財對你來說簡直是痛苦至極。自己有多少錢，你從來沒搞清楚，反正今朝有酒今朝醉，不會為未來打算。

C、當用則用，當省則省，你對於自己的經濟狀況頗了解的。如何在每個月的支出和收入之間取得平衡，完全在把握之內。你對理財頗有心得，不知不覺間已是一個小富翁。

D、在你的生活哲學之中，精神的滿足會比金錢的付出來得重要，雖然不至於揮金如土，但確實不太在乎金錢的支出，一切花費的原則都是：開心就好。

你用錢的態度是怎樣的？

你用錢的態度是怎樣的？快來測試一下吧！

假設你現在有錢，想買樓。一棟大樓總共有十層樓，你會比較喜歡買哪一層的單位？

A、第一層樓

B、第二、三層樓

C、第四、五層樓

D、第六、七層樓

E、第八、九層樓

F、第十層樓

測驗答案

A、你不會亂花錢，會用得其所，會計算支出是否物有所值、對自己的增值有沒有幫助。

B、你花錢之前會算過度過，仔細斟酌。

C、你喜歡多存點錢，未雨綢繆。

D、你平時用錢很節制，但會突然失驚無神花一大筆錢，買完又後悔。

E、你時常 Out budget，入不敷支，是個「大花筒」。

F、你缺乏理想概念，想花就花，喜歡先洗未來錢，完全沒有考慮還錢能力。你不改改這壞習慣，小心乞食收場！

測試一下你是否有發達命？

富貴一半靠注定，其餘就靠你的努力！來測試一下自己有沒有發達命吧！

在裝修屋企的時候，你會在哪一部分花最多錢？

A、客廳的沙發、擺設

B、臥室的床

C、浴室

D、廚房

測驗答案

A、你天生有發達命，可惜不太會把握，回想一下自己花錢的態度，不要一時衝動就買買買，要考慮收支平衡！

B、你是個高品味的人，是天生上流社會的人物，或許目前你還談不上大富大貴，但是你總是在銀包快乾塘時又剛好有適時的「補充」，總之，你是窮不了的！

C、你的財運很好，做甚麼工作都能賺大錢，一生衣食無憂！

D、你是個懂得享受、惜福的人。雖然不會大富大貴，但一生吃得飽、穿得暖。

從睡姿測試你能否成為有錢人？

你的睡姿都可以透視你的財運指數。完成以下測試，你就知道自己是否有機會成為有錢人。

你喜歡以下哪種睡覺姿勢？

A、趴著睡

B、側身睡

C、平躺

D、沒有喜好

測驗答案

A、你個性心胸狹窄和很自我為中心。你一直強迫別人適應自己的需求，認為你所要的就是別人想要的，根本不在乎別人的感覺，別人很難和你合作，成為有錢人的機會很低！

B、這種睡姿顯示出你是一個自信的人。由於你的努力不懈，做甚麼事都很大機會成功，變成一個有錢人是遲早的事。

C、這種姿勢展現出你性格聰敏，賺錢能力很強，絕對有機會成為有錢人。

D、你是一個猶豫不決、優柔寡斷的人，成為有錢人的希望不大。

測試三年後的你是有錢人，還是窮人？

三年後的你會變成怎樣？跟現在一樣，原地踏步？已踏上成功路，越來越有錢？還是窮途沒路，窮到褲穿窿？完成以下測試，你就知道答案。

如果你是個胖子，正在努力減肥，而你的朋友卻請你吃大餐，你認為他的心態是甚麼？

A、只是約你吃飯聚舊，沒有別的意思。

B、心疼你，怕你減肥太辛苦。

C、考驗你減肥的意志力夠不夠堅強

D、逗你開心希望，你輕鬆面對減肥！

測驗答案

A、你會默默的專心努力工作，三年後你會衣食無憂。你比較老實比較單純，因此會專注把自己份內的事情做好，雖然不會大富大貴，但是還是會因為努力而賺取不少財富。

B、你缺乏打拼的主動力，三年後的你，財富不會有太大起落。你比較安於現狀，甘於平淡。

C、你是個潛力無窮的理財高手，三年後的你會擁有很多錢。

D、你太愛享受，揮霍無道，三年後恐怕你會淪落到跟親友借錢度日。

睡姿測試你的財運？

你的睡姿都可以透視你的財運指數。完成以下測試，你就知道自己是否有機會成為有錢人。

以下哪種睡姿最符合你的習慣？

A、朝向某一邊的側睡

B、蜷縮身體式的側睡

C、四肢呈大字型平躺

D、躺在胳臂上式的側睡

E、雙臂枕在後腦式的平躺

F、交叉翹著二郎腿式的平躺

G、彎曲一隻腳膝蓋式的側睡

測驗答案

A、你是個擁有相當自信且努力不輟的人，所以不論你做甚麼事都必將成功，也預示著你將會成為一個即權又有錢人。

B：你有自私、妒忌和報復的心態，所以不安全感總是環繞在你左右，如此心態，金錢怎會隨你而來？

C、你是個相當真誠坦率的人，但卻很愛花錢，不過冇有怕，因為你能賺足夠的錢供自己揮霍。

D、你是個溫文有禮、誠懇可愛的人，但樣子太和善了，容易被騙子睇中，財運麻麻！

E、你擁有高度的智慧和學習的熱誠，但有時想法不切實際，這會讓你失去一些賺錢的機會。

F、你是個自戀狂，而且很難去接受生活上的變化，遇到困難又畏首畏尾，要知道，賺錢機會越大，風險越大。

G、你是個喜歡發牢騷和抱怨的人，容易對小事做出過度的反應。須知道，一個成功的有錢人不但要有運氣，還要有冷靜的頭腦去分析機會到來的時機呢！

測試你的貴人運？

完成以下測試，就知道得到貴人相助的指數有多少。

你羨慕貴婦生活中的哪一部份？

A、住在豪宅中。

B、簽卡狂買名牌衣服。

C、有傭人司機伺候。

D、悠閒的喝下午茶做 SPA。

E、開名貴跑車。

測驗答案

A、你的貴人相助指數 55%

你對自己有一定的目標和期許，會按照自己的目標努力去做，因此會吸引到志同道合的人一起打拼。

B、你的貴人相助指數 80%

你認真又努力，會吸引靠山貴人撐你。你埋頭苦幹的精神，讓老闆或金主願意投資金錢開創事業。

C、你的貴人相助指數 40%

你很強悍，做事情有自己的風格，很容易嚇跑想投資的金主。

D、你的貴人相助指數 20%

你精明能幹，凡事親力親為，你就是自己的貴人，但常常容易把自己累到半死。

E、你的貴人相助指數 99%

你性格豪爽真誠，認為四海之內皆兄弟朋友，會得到不少貴人幫助，因此很多機會就會接踵而來。

別人想賺你的錢容不容易？

你是精明的消費者，還是常常淪為騙子的最佳獵物？完成以下測試，你就會知道答案。

有人說「女人四十」一枝花，你覺得是哪一種花？

A、盛開的玫瑰花。

B、優雅的野百合。

C、溫柔的康乃馨。

D、含蓄的夜香花。

測驗答案

A、你的錢超好賺。如果人家自稱是專家，又表示有辦法令你變美、變瘦、變大胸、變纖腰，你會追著送錢給人。

B、你耳仔軟，會因為對方花言巧語，而呆呆讓他賺你的錢。你會認為銷售員苦口婆心地介紹這件產品的優點，一定是為了你好。

C、要賺你的錢很困難，除非是你很想要，對方才有機會能賺到你一點錢。你精打細算，平常省吃檢用，絕對不會隨便亂花錢。你購物時不會貪小便宜，不會因有折扣而衝動消費；你會貨比三家，以耐用為首要條件。

D、你把金錢當成命根，想要賺你的錢，比登天還要困難十倍！真是石頭鑽不出血！你覺得每一分錢都有血有汗，怎能隨便花掉？！

測試你是不是「月光族」？

你是不是月頭出糧、轉頭就洗晒的「月光族」？完成以下測試，你就會知道答案。

在一項促銷活動中，限時一分鐘，你搶到甚麼都是免費的。你最先搶購是哪樣物品？

A、位於二樓的鑽戒

B、收銀台遠處的手機

C、近收銀機的巧克力

D、離收銀機十步的 42 吋大電視

測驗答案

A：你是個投資愛好者，但問題是你缺乏正確的判斷，聽專家說樓市火爆，你就躍躍欲試；看隔壁大嬸買股票大賺，你又調轉投身股市，每月都無錢剩！

B：一看到商品打折，你就會心動，並毫不猶豫地掏出信用卡，並且爽快地輕輕一刷！但當你收到月結單時，就會後悔不已。是個標準的「月光族」！

C：你追求美食，不斷試新店，每月大部分支出都花費在「肚子」裡！

D：你是精打細算的人。哪家超市蔬菜最便宜、哪家雜貨店的雞蛋最新鮮、哪家電器舖的洗衣機特價、哪個牌子的清潔劑最好用，你總能打聽得清清楚楚，懂得量入為出，月月都有錢剩。

哪種招財開運小飾物適合你？

你來年運氣如何？有甚麼開運飾物可助你催吉避凶？

偶然一陣狂風吹過，枝頭上的花朵被吹落在某處。你覺得花朵最終落在何處？

A、一片空蕩蕩的平地

B、一片沼澤之中

C、美麗的花園裡

D、微黃的樹梢上

E、碧綠的草地上

F、清澈的河流中

G、鬧哄哄的市集裡

H、田中

測驗答案

A 或 B：你最近財運不錯，金屬和陶瓷做的飾品有助你的運勢。

C：運氣本來就很好，不乏貴人的相助；木製小飾品和紅色水晶或寶石的裝飾品都有助於你的運勢。

D 或 E、運勢普通，平日交遊的朋友就是你最好的支柱；木製小飾品和深藍色的水晶或寶石的裝飾品對你的運勢都有所幫助。

F、你的運氣欠佳，建議不要進行冒險的投資；金屬小飾品和深藍色的水晶或寶石的裝飾品，對你的運勢或許有提升作用。

G 或 H、最近的運氣十分差，凡事謹慎小心為上；陶瓷做的小飾品和紅色的水晶或寶石的裝飾品，對你的運勢有一些改善。

測試你被騙錢的可能性？

騙案手法層出不窮，你會成為騙徒的獵物嗎？做做以下測試，你會知道自己被騙錢的機會有多高。

有個小孩正想要砍蘋果樹，你是蘋果樹裡面的精靈，你會怎麼阻止他？

A、掉下來一大堆蘋果來打死他

B、把他變成一顆蘋果掛在樹上

C、騙他吃毒蘋果

測驗答案

A、你的錢不太好騙！你為人頗機靈，比其他人更有危機意識。面對騙徒，你馬上會提高警覺。

B、你的錢太好騙了！因為你容易相信別人，對人毫無防範，內心充滿了愛跟同情心，所以當很多人向你求救，或訛稱周轉不靈時，管他理由是何等莫名其妙，你都會心軟，並覺得對方很可憐，然後把錢自動奉上。唔呃你錢，簡直無天理！

C、你的錢實在太難騙了，你覺得賺錢艱難，平時很看緊自己的荷包，想騙你的錢比登天還難。加上，你有點小聰明，任何詐騙集團來騙錢的時候，你都很快拆穿對方的詭計。

測試你的一生財運？

想知道自己一生的財運？不用找師傅，做做以下測試就知道。

當你走進森林，發現在一處空地上的動物樂園，動物們一看到你，就像久別重逢的朋友似的過來打招呼。在這個動物樂園裡，首先過來跟你打招呼的動物，會是以下哪一種？

A、狗

B、馬

C、兔子

D、羊

測驗答案

A、你只要腳踏實地默默工作，雖然不會大富大貴，但一家溫飽絕對無問題。只要肯儲錢，不做大花筒，仍是衣食無憂的。

B、你是財運亨通的財主，事業愈做愈大，財源從四面八方滾滾而入。

C、你雖辛勞工作一生，卻與大富大貴無緣，終日勞碌，只夠溫飽。

D、你只要肯努力下功夫，拼命工作，過中產生活絕不成問題！

你有沒有資格打入上流社會？

你有機會晉身上流社會，成為人上人嗎？

你是一個美麗的公主，你心愛的王子被巫師變成一隻青蛙，你覺得要親青蛙哪裡，可以解咒？

A、青蛙的腳爪。

B、青蛙的舌頭。

C、青蛙的肚子。

D、青蛙的嘴巴。

E、青蛙的眼皮。

測驗答案

A、你對自己的要求非常高，為了進入上流社會，甚麼苦都肯捱。憑著不屈不撓的毅力，你有朝一日進入上流社會不是夢！

B、你喜歡打腫面充胖子，把自己打扮成貴族一樣。你只是演技很好而已，跟真正上流社會的人，扯不上甚麼關係。

C、你的言行舉止已經不自覺地散發出上流社會貴族的氣質了，只要再多加把勁，一定會更上一層樓，成為真正的有錢人。

D、你以為努力工作賺錢，就有機會成為上流社會的一分子；事實上，如果氣質、談吐、學歷跟不上，仍是窮小子一名。

E、你要進入上流社會的機會非常低，除非有奇跡出現。原因是你渴望自由自在，不喜歡受束縛，要你委屈自己而攀附權貴，對你來說是不可能的。

測驗你會負債纍纍的可能性？

俗語說：「人不理財、財不理你」，善於理財的人，錢會像雪球似的越滾越多。你是有積蓄的小富翁，還是負債纍纍的負資產呢？做做以下測試就知道。

假設現在讓你去銀行取 1000 元，你會要求職員用以下哪種方式提供呢？

A、2 張 500 元

B、1 張 1000 元

C、5 張 100 元和 10 張 50 元

測驗答案

A：你是個懂得「開源節流」的人，所有的投資與儲蓄都在你掌握之中，因此，你絕不可能變成負資產的。

B：你是個以「錢多少」來衡量安全感的人，因此，你會努力賺更多的錢來讓自己感到安全。你對金錢如此著緊，絕不會讓自己成為負資產。

C：你是個慷慨的人，理財不善，身邊有人向你借錢，你也來者不拒，結果令你入不敷支，慘變負資產。

測驗誰人會阻你發達？

世事難料，總有幾個人會阻住你發達，擋在你奔向財富的道路，他會是誰？一起來做個測驗吧！

假設你下輩子轉世投胎會做個動物，你認為以下哪種動物是你最終的歸宿？

A、貓

B、鳥

C、獅

D、魚

測驗答案

A、你易被愛多管閒事的異性誤了財運。提醒你：當心身邊亂出意見的異性，輕信別人的代價就是「勞心破財」！

B、你易被精於算計的熟人誤了財運。提醒你：遇到有預謀的人，定要三思而行。

C、你易被酒肉朋友誤了財運。提醒你：交友需慎重，睜大眼睛仔細看，否則付出難有回報！

D、你易被好食懶飛的人誤了財運。提醒你：提防那些酒肉朋友，他們只是來博取你同情、佔你便宜的！

測驗你的貴人是誰？

凡是成大事者，必有貴人相助。你的貴人何時出現？他是怎樣的一個人呢？一起來玩玩這個心理測驗吧。

現在假設你在郊外旅行時迷路了，以下四個人你會選擇哪個來問路呢？

A、阿伯

B、村姑

C、年輕女子

D、老太太

測驗答案

A、你的貴人多半是略帶權威的儀表，而且是個十分自信的人。

B、你的貴人擁有溫柔的個性，和順的外表。

C、你的貴人多半是感情豐富並樂於助人，未必精明能幹，但必定對你有特殊感情。

D、你的貴人是那種能在你憤怒時仍能保持對你禮貌恭敬的人，會包容你、接納你，鼓勵你勇敢面對前路。

測驗你現在究竟擔憂甚麼？

對於未來，你最憂心的是甚麼？唔夠錢洗？身體欠佳？前途不明？做做以下測試就知道。

假設某大富翁去世，你可以繼承他的大屋，但當你搬進去住，卻發現有些不對勁。你會認為哪裡出問題？

A、閣樓好似藏著甚麼東西

B、地下室像有甚麼機密

C、有個房間的房門打不開

D、窗戶太小，光線不足

E、偶會停電，原因不明

測驗答案

A、屋頂閣樓象徵人的腦袋。你擔心年老後，會得癡呆症。你是否有親人患癡呆症，讓你憂心忡忡？

B、地下室象徵性。你擔心年老後，不能再享魚水之歡。在醫學上講，到耄耋之年，仍不失性能力，好好保養身子吧！

C、房間打不開，象徵子女關係。你擔心年老後，仍要為子女勞碌擔憂。

D、窗戶的光線象徵人的耳目。你擔心年老後，視覺與聽覺不聽使喚。與其過份擔心，不如注意平時飲食與健康。

E、突然停電象徵能源。你擔心年老後，經濟上沒有保障，財源中斷。為使老後生活無憂，好好理財方為上策。

你的錢會花在哪裡？

你的錢最多花在哪裡去？做做以下測試就知道。

你期待未來的另一半，怎麼向你求婚呢？

A、用鑽戒表達心意

B、帶你去歐洲旅行

C、在某個早晨閃電求婚

D、在某個熱鬧多人的地方跪下來向你求婚

測驗答案

A、你的錢容易被各式商舖「搶走」。百貨公司、美食餐廳、服裝店……總之這些跟享樂有關的地方，你都會毫不猶豫的打開荷包，讓人宰割。

B、你的錢容易被情人搶走。其實不該說是搶，因為是你自己主動提供給人花的，尤其是情人。你愛情至上、把錢給情人花，絕不手軟。

C、你的錢容易被騙子搶走。你做事欠周詳考慮，簡單隨性又樂觀，個性又衝動，朋友常覺得你做事不經大腦，隨便一個騙子新手都可讓你荷包大出血！

D、你的錢容易被朋友搶走。只要朋友有難，你一定會兩肋插刀；朋友有喜事，你的紅包也是最大份的；更別說平時的吃飯聚會，第一個搶著付錢的總是你。

測試你為甚麼會時常缺錢？

你常覺得洗錢如倒水，轉眼間錢銀不知洗到哪裡去了？做做以下測試，你會知道自己常缺錢的原因。

測試你為甚麼會缺錢。假設有七個顏色的信封，你直覺哪個信封裡有一萬元？

A、紅色
B、綠色
C、紫色
D、藍色
E、啡色
F、黑色
G、白色

測驗答案

A、你像孔雀一樣愛奢華、愛面子，跟朋友出去都會搶著付錢。對你來說，花錢沒關係，最緊要面子不可丟。你很喜歡花錢撐場面，但一旦次數多了，很快就缺錢了。

B、你像小白兔一樣非常善良，而且心很軟。如果親戚朋友有需要，你會毫不猶豫、盡己所能的去幫助，所以你缺錢是因為太有義氣、太心軟。

C、你不會苛刻對待自己，你覺得人生在世，如果不對自己好點，那活著還有甚麼意思？所以你會按著自己的喜好來花錢，討自己開心，結果荷包就「扁」了。

D、你會為了理想而不顧一切，像獵犬一樣追求自己的目標。對你來說，為了夢想而散盡積蓄，也沒甚麼大不了。

E、你很保守！有錢的話，都會緊緊捏在手裡，做儲蓄式投資。可惜你又不懂財技，所以常會因為投資不當，而讓荷包大出血。

F、你慾望很多，而且個性不服輸，很容易為了爭一口氣而破財。例如在商店裡看中一樣東西，如果有店員瞧不起你，你就會立即買下，向人家展示自己有足夠的經濟能力。

G、你很顧家、為家人考慮周全，常把家庭的經濟重任一肩扛下，結果就會發現，錢花得很快，因為食衣住行的日常費用，實在不是一筆小數目。

從大掃除習慣看出你的理財個性？

你是大花筒，還是守財奴，從生活習慣可透視出來。

如果你要大掃除，第一件會清走哪類物品？

A. 舊衣服

B. 舊雜誌書籍

C. 舊傢俬或家電

D. 零散的小物品

測驗答案

A、舊衣服：賺得快、洗得快

你賺錢能力很高，但花錢能力也不弱。你覺得辛苦搵來自在洗，既然有賺錢能力，就要好好享受生活。因此，你沒有太多儲蓄。

B、舊雜誌書籍：理財保守

你沒有太多物慾，崇尚簡樸的生活。你支出不多，所以有一定儲蓄，不過你只是守財奴，從來不懂把做任何投資。

C、舊傢俬或家電：衝動消費

你是天生購物狂，見到甚麼喜歡的東西，就會買、買、買！經常買來一大堆無謂的東西，結果把自己變成「月光族」。

D、零零散的小物品：理財有道

你是理財有道的人，在朋友眼中是個精明的消費者，購物前會貨比三家，也會考慮有無需要才買。就算你薪金不高，但仍有本事儲一大筆錢；加上你又懂得做謹慎投資，令財富穩健增長。